MANFRED BAUMANN

Christbaum, Mord und Engelshaar

STILLE NACHT UND MÖRDERJAGD Eine spektakuläre Weihnachtsshow, »The Golden Christmas Tree«. Es geht um 100.000 Euro. Doch am Ende gibt es nicht nur ein strahlendes Siegerlächeln, sondern auch einen Toten. Millionen vor den TV-Bildschirmen schauen live dabei zu, wie eines der Jurymitglieder bei der After-Show-Party zusammenbricht. Caspar Drollmann, gefeierter Schauspieler und Publikumsliebling. Schnell stellt sich heraus: Es geht dabei nicht um Herzversagen. Es geht um Mord. Und allen an der Show Beteiligten wird klar, der Täter oder die Täterin befindet sich mitten unter ihnen. Aber wer ist es? Das herauszufinden, liegt nun bei Kommissar Martin Merana, der den wohlverdienten, ruhigen Adventsonntag gegen eine kuriose Tätersuche eintauschen muss. Halleluja. Dabei taucht er auch in die oft intrigant anmutende Welt von TV-Stars und TV-Programmverantwortlichen ein.

Manfred Baumann, geboren 1956 in Hallein/Salzburg, war 35 Jahre lang Autor, Redakteur und Abteilungsleiter beim Österreichischen Rundfunk. Heute lebt er als freier Schriftsteller, Kabarettist, Regisseur und Moderator in der Nähe von Salzburg. Auf der Vorlage der Kommissar-Merana-Romane gab es bisher drei TV-Verfilmungen (ORF/ZDF).
Manfred Baumann ist auch bei Facebook.
Mehr Informationen zum Autor unter: www.m-baumann.at

MANFRED BAUMANN

Christbaum, Mord und Engelshaar

KRIMINELLE WEIHNACHTEN

GMEINER

Immer informiert

Spannung pur – mit unserem Newsletter informieren wir Sie
regelmäßig über Wissenswertes aus unserer Bücherwelt.

Gefällt mir!

Facebook: @Gmeiner.Verlag
Instagram: @gmeinerverlag

Besuchen Sie uns im Internet:
www.gmeiner-verlag.de

© 2024 – Gmeiner-Verlag GmbH
Im Ehnried 5, 88605 Meßkirch
Telefon 0 75 75 / 20 95 - 0
info@gmeiner-verlag.de
Alle Rechte vorbehalten
1. Auflage 2024

Lektorat: Claudia Senghaas, Kirchardt
Herstellung: Mirjam Hecht
Umschlaggestaltung: U.O.R.G. Lutz Eberle, Stuttgart
unter Verwendung eines Fotos von: © eyetronic / stock.adobe.com
Druck: GGP Media GmbH, Pößneck
Printed in Germany
ISBN 978-3-8392-0675-1

1 GOLDEN CHRISTMAS TREE

Sonntag, 21. Dezember, kurz vor 22 Uhr

»Das darf doch nicht wahr sein!«, entfuhr es Merana. Jetzt fehlte nur noch *Leise rieselt der Schnee*. Er rief es laut, obwohl er ganz allein auf dem Balkon stand. Der Einzige, der ihm zuhören konnte, war er selbst. Er blickte auf die Uhr. Sie zeigte ein paar Minuten vor 22 Uhr. Vielleicht sollte er sich die exakte Zeit notieren. 21.54 Uhr. Die ersten Flocken fielen. Genau wie es der lokale Wetterguru im Radio vorausgesagt hatte. Als Merana kurz nach 16 Uhr die Bundespolizeidirektion verlassen hatte, wollte er sich auf der Heimfahrt ein wenig unterhalten lassen. Was hatte der regionale Sender am späten Sonntagnachmittag seinem Publikum zu bieten? Er fand sonst kaum Zeit zum Radiohören. Wie er bald mitbekam, lauschte er einer Live-Sendung mit Musik und Gesprächen. Zu Gast im Studio war auch ein Mann aus dem Tennengau. Er hieß Laurentius Tagmeister, besser bekannt als »der Lammertal Lenz«, wie die Radiomoderatorin mehrmals erwähnte. Dieser Lenz kannte sich gut mit Volksmusik aus, wusste launige Anekdoten aus dem Salzburger Land zu erzählen und war auch bewandert in Eigenarten, die das regionale Wetter betrafen. »Ich weiß es, liebe Leute, die ihr mir da draußen im Land aufmerksam zuhört. Die auch von mir sehr geschätzten Experten der meteorologischen Zentralanstalt haben gesagt, es wird erst morgen früh zu schneien beginnen. Aber ich, euer Lenz, sage euch: Die ersten Schneeflocken werden noch heute vom Himmel heruntertanzen und die Landschaft unserer schönen Heimat in beschauliches Weiß hüllen.«

»Ich bin natürlich völlig überzeugt, dass es so sein wird, wenn du das sagst«, hatte die Moderatorin den Faden aufgenommen. »Unsere Zuhörerinnen und Zuhörer dürfen gespannt abwarten, ob der Lenz wieder einmal recht behält.«

»Darauf könnt ihr euch verlassen«, hatte ihr Gesprächspartner bestätigt. Der Mann verfügte über eine dunkle, wohlklingende Bassstimme. »Mein Gespür sagt mir auch, es wird erst spätabends zu schneien beginnen. Aber es wird noch vor Mitternacht geschehen, noch ehe dieser vierte Adventssonntag zu Ende geht. Wenn ich auf mein Gespür vertraue, dann wird es wohl so um 22 Uhr herum passieren, dass die ersten Flocken fallen.« Ein anerkennendes Lächeln huschte über Meranas Gesicht, als er sich die Voraussage ins Gedächtnis rief. Der Wetterguru aus dem Lammertal hatte zweifellos recht behalten. Merana streckte beide Arme aus, ließ zarte Flocken auf seine Handrücken fallen. Das Licht aus dem Wohnzimmer erreichte fast den gesamten Balkon, erhellte auch einen schmalen Bereich außerhalb der Brüstung. Die Flocken auf Meranas Händen glänzten silbrig auf, ehe sie schmolzen.

»Ich freue mich natürlich, Martin, wenn du es tatsächlich schaffst, den Heiligen Abend mit mir zu verbringen.« Vor zwei Stunden hatte er mit der Großmutter telefoniert. Sich für die Weihnachtstage in den Oberpinzgau zu begeben, hatte er fest vor. Das war jedes Jahr seine Absicht. Leider hatte er es in den letzten Jahren wegen dienstlicher Verpflichtungen nicht immer geschafft. Mit seiner Großmutter verband ihn eine ganz innige Beziehung. Meranas Mutter war bei einem Sturz vom Berg zu Tode gekommen. Merana war damals noch ein Kind gewesen, hatte als Neunjähriger durch den tragischen Tod der Mutter einen schweren Schock erlitten. Von dem Tag an hatte sich vor allem ein Mensch ganz besonders um ihn gekümmert, für ihn gesorgt, ihn mit besonderer Achtsamkeit und großer Liebe auf seinem weiteren Lebensweg begleitet: die Großmutter. »Es wäre schön, wenn du bis zum Stefanitag bleiben könntest«, hatte die alte Frau beim Telefonat noch hinzugefügt. »Ich habe den Willi heute im Dorf getroffen. ›Du wirst begeistert sein, Kristina‹, hat er gesagt, und dabei verschmitzt gelacht. ›Dieses Mal kommt das Lamperl vom Regnerbauern. Ich bringe es dir am Heiligen Abend noch am Vormittag.‹« Merana hatte gut verstanden, worauf die Großmutter hier ansprach. Der Willi, damit war der seit mehr als zehn Jahren pensionierte Wilhelm Krautner gemeint. Der hatte schon, als er noch als Postamtsleiter aktiv war, die Großmutter über Jahre hinweg zu Weihnachten mit allerbestem Lammfleisch versorgt. Als Postamtsleiter hatte er zu allen Bauern einen guten Draht. Schon in Meranas Kindheit war es familiäre Gepflogenheit gewesen, dass die Großmutter am Stefanitag geschmorte Lammschulter zubereitete. Mit Kartoffeln und Fenchel. Seit fast 20 Jahren lud sie zu diesem Festtagsessen auch ihre Nachbarin Anni samt Familie ein. So würde es auch heuer geschehen. »Den passenden Rotwein musst du wie immer selbst mitbringen, Martin.«

Und dann hatte die Großmutter noch erwähnt, dass sie seit zwei Tagen im Rücken und am linken Kniegelenk ein vertrautes Ziehen verspüre. Ein untrügliches Zeichen dafür, dass es bald Schnee geben werde, hatte sie hinzugefügt. Erneut musste Merana lächeln. Seine Großmutter und der Lammertal-Lenz. Zwei Menschen mit einer ganz besonderen Sinneswahrnehmung für Schnee. Wer weiß, überlegte Merana, vielleicht bieten sich uns heuer sogar weiße Weihnachten. Die hatte es schon seit vielen Jahren nicht mehr gegeben. Merana konnte sich gar nicht erinnern, wann es zuletzt im Flachland zu Weihnachten geschneit hatte. Gut möglich, dass es heuer passte. Merana legte die Hände auf die Balkonbrüstung, beugte sich weit nach außen. Wohltuende Stille umgab ihn. Die Schneeflocken landeten nun auch auf seinen Haaren. Beruhigende Dunkelheit ringsum. Das Anwesen der am nächsten gelegenen Nachbarn war weit weg. Selbst bei sternklarer Nacht waren von dort nur schwer Lichter auszumachen. Das Haus, dessen oberes Stockwerk er bewohnte, gehörte einer verwitweten Zahnärztin. Bis Ende Jänner würde sie bei ihrer Tochter und den

Enkelkindern in Frankreich bleiben. Allerdings hatte Frau Doktor Doktor Tilda Tschepek knapp vor ihrer Abreise noch einen Christbaum im Garten aufgestellt. So wie jedes Jahr. Eine kleine Tanne mit Lichterketten. Pünktlich um 18 Uhr schaltete der Timer jeden Tag den Strom ein. Heller weihnachtlicher Glanz erfüllte dann einen Teil des Gartens und die Terrasse. Der Zauber dauerte bis Mitternacht. Dann schaltete der Timer wieder aus. Hinter sich vernahm Merana ein Klingeln. Sein Handy lag auf dem Wohnzimmertisch. War das nochmals die Großmutter? Er löste sich von der Balkonbrüstung, begab sich nach innen. »Otmar« zeigte das Display. Abteilungsinspektor Otmar Braunberger gehörte zu Meranas Team, war einer seiner engsten Vertrauten. Er wischte über das Display.

»Hallo, Otmar. Willst du mir sagen, dass Schneeflöckchen, Weißröckchen bereits jetzt herniedersegeln und die amtliche Wetterdienststelle es mit der Vorhersage von ›morgen früh‹ nicht ganz getroffen hat?«

Dem Abteilungsinspektor war nicht nach Scherzen zumute. Merana hörte es sofort am Klang von Otmars Stimme. Sein Mitarbeiter saß offenbar im Auto. »Ich nehme an, Martin, du hast dir die Fernsehshow nicht angeschaut?«

Welche Fernsehshow? »Es gibt einen Toten. Den Umständen nach könnte es Mord sein, sagt Beate. Sie hat mich vorhin angerufen. Es war für alle Zuschauer im Fernsehen direkt zu sehen. Ich bin schon auf dem Weg zum Festspielhaus.«

Mord? Fernsehshow? Bei diesem Christmas-Spektakel? Merana war schon an der Wohnungstür. »Ich fahre sofort los, Otmar.«

Es war Sonntagabend. Von seiner Wohnung bis in die Innenstadt war es nicht weit. Bei mäßigem Verkehr könnte er es in 20 Minuten schaffen.

»Halleluja«, quetschte er zwischen den Zähnen hervor, als er mit dem Wagen die Hauptstraße erreichte. »Mord am Adventssonntagabend. Das hat mir gerade noch gefehlt.«

*

Sonntag, 21. Dezember, 16 Uhr

»Sie können sich heute Abend gerne frei nehmen, Kollege Kritzer.« Inspektor Thomas Kritzer war 21 Jahre alt. Er hatte sich vor zwei Jahren bei der Polizei beworben, sein Praktikum in der Polizeiinspektion Sankt Johann im Pongau mit Bravour absolviert, wie Merana mitbekommen hatte. Jetzt machte er zur Vorbereitung für die Ausbildung zum Dienstführenden Beamten, Verwendungsgruppe 2a, ein Praktikum bei der Salzburger Kriminalpolizei. Merana hatte dem Praktikumsansuchen zugestimmt. »Machen Sie sich einen schönen Abend. Das ist Ihre erste Woche bei uns. Sie haben in den vergangenen Tagen viel weitergebracht. Sie haben sich nicht lange mit Herumgerede aufgehalten, sondern sofort mit angepackt. Ich bin mit Ihrer Leistung sehr zufrieden.«

Der junge Mann lief rot an. Den Leiter der Kriminalpolizei hatten ihm die Kollegen von außerhalb als äußerst streng beschrieben. Thomas empfand das nicht so. Meranas Lob freute ihn.

»Wenn Sie erlauben, Herr Kommissar, würde ich gerne bleiben. Ich habe mich schon die ganze Woche auf meinen ersten Nachtdienst gefreut. Bei den ›Kriminesern‹, wie man in Sankt Johann die Kollegen der Kriminalpolizei gerne bezeichnet.« Unversehens tappte er sich mit der Hand an den Mund. Das hätte er wohl nicht sagen sollen. »Äh … das mit den ›Kriminesern‹ hatten die Kollegen in Sankt Johann natürlich nur scherzhaft gemeint, Herr Kommissar«, fügte er rasch hinzu. Merana lächelte. »Na gut, Inspektor Kritzer. Wenn es Ihnen derart Freude bereitet, dann bleiben Sie da. Ich hoffe, es wird für die ›Krimineser‹ eher eine ruhige Nacht werden.«

Er zumindest erwartete sich einen angenehmen Abend zu Hause. Er würde sich das Forellenfilet zubereiten. In Weißwein-Rahm-Soße. Darauf freute er sich. Später würde er wohl noch mit der Großmutter telefonieren. Er war schon fast aus dem Raum, als er die Stimme des jungen Mannes hinter sich hörte. »Wenn heute Abend tatsächlich wenig los ist, wie Sie vermuten, Herr Kommissar, kann ich mir dann die Sendung anschauen? Selbstverständlich nur nebenbei. Meine volle Konzentration gilt in jedem Fall dem dienstlichen Geschehen.«

Merana blieb in der geöffneten Tür stehen. »Welche Sendung?« Im Gesicht des jungen Polizisten erschien ein Ausdruck von Verwunderung.

»Ich meine natürlich *die* Sendung, der wir alle schon entgegenfiebern. Das Finale der großen Weihnachts-Show *The Golden Christmas Tree* wird heute live im Fernsehen übertragen.«

Ach, das meinte der junge Kollege. Dass wegen dieser Show das halbe Land verrücktspielte, hatte Merana schon mitbekommen. Ihn ließ das eher kalt. Er interessierte sich generell nicht für Fernseh-Shows. Selbst dann nicht, wenn sie direkt aus Salzburg gesendet wurden. Das Einzige, was er im Zusammenhang mit der TV-Produktion zu tun hatte, war, seine Unterschrift auf eine Dienstanweisung zu setzen. Jemand von der Polizei sollte bei der Show anwesend sein, darum hatten die Fernsehverantwortlichen ersucht. So wie bei jeder Live-Show mit Publikumsbeteiligung. Merana hatte eingewilligt, dass Kontrollinspektorin Beate Trapp diese Aufgabe übernahm.

»Was ist an dieser Sendung so besonders, Herr Inspektor Thomas Kritzer?«

Dem aufgeweckten, jungen Beamten fiel gar nicht auf, dass ihn der Kommissar mit vollem Namen und Dienstgrad ansprach.

»Herr Kommissar, drei Leute treten im Finale an. Sie kommen aus den drei beteiligten Ländern. Die österreichische Finalistin ist eine Frau. Sie kommt aus Salzburg. Und zwar aus meiner Heimatgemeinde, aus Mühlbach am Hochkönig im Pongau.« Seine aufgeregte Stimme überschlug sich fast. »Von Heidemarie Schattauer haben schon vorher einige Leute Erfreuliches gehört. Immerhin ist sie eine gefragte, viel beschäftigte Landschaftsgärtnerin. Aber seit sie in der Sendung zum Wettbewerb antrat, kennen sie Millionen Menschen in ganz Europa. Wenn unsere Heidemarie am Schluss gar als große Siegerin hervorgeht, dann steht nicht nur ganz Mühlbach Kopf. Dann jubelt das ganze Land. Nicht nur wegen der 100.000 Euro, die man gewinnen kann. Sollte unserer Kandidatin der Sieg gelingen, wäre das eine Ehre für ganz Österreich.« Den letzten Satz hatte er mit Stolz in der Stimme fast herausgeschmettert. Inspektor Kritzer hatte sich dazu sogar erhoben. Merana bemühte sich, das aufkommende Schmunzeln zu unterdrücken. Dieser junge Mann zeigte wohl in allen Bereichen auffälligen Eifer. Nicht nur bei der Polizeiarbeit.

»Unsere Heidemarie hat schon in den Vorrunden bewiesen, dass sie wirklich alles über Weihnachten weiß. Sie kennt jedes Detail dazu.«

»Na, dann will ich schon alleine für Sie und ganz Mühlbach hoffen, dass die gute Frau auch tatsächlich gewinnt.«

Er war schon an der Tür, hielt inne. Er wandte sich nochmals um.

»Haben Sie heute Namenstag?«

Der junge Mann blickte ihn leicht verwirrt an. »Äh, das weiß ich gar nicht.« Unschlüssig hob er die Hände, ließ sie wieder sinken. »In unserer Familie wird auf Namenstage kaum Wert gelegt. Ich glaube, meine Mutter sagte einmal, Thomas stünde im Namenskalender irgendwann im Jänner …« Merana hob ein wenig theatralisch die Arme, schlug einen professoralen Ton an.

»Das bezöge sich dann auf den heiligen Thomas von Aquin. Er war ein bedeutender Kirchenlehrer. Zeigte sich aber eher als einflussreicher Theoretiker, dem es genügte, ungemein viele Schriften zu verfassen.« Er ließ die Arme sinken, lächelte seinem Gegenüber direkt ins Gesicht. »Sie, Inspektor Thomas Kritzer, haben sich uns eher als Praktiker gezeigt, der sich nicht mit Theorien abgibt, sondern bestrebt ist, sich mit Eifer und Neugierde selbst ein Bild von den Zusammenhängen zu machen. Deshalb denke ich, dass Sie heute Namenstag haben.«

Die Verwunderung stand immer noch groß im Gesicht des jungen Mannes. »Äh, ich wusste gar nicht, dass heute auch Thomas im Kalender steht.«

Merana kam ein paar Schritte näher. »Ja, heute ist Thomas. Es gibt den Thomastag und die Thomasnacht. Noch nie davon gehört?« Verunsichert schüttelte der junge Inspektor den Kopf. Na, da hätte die Weihnachtsexpertin Heidemarie Schattauer aus Mühlbach am Hochkönig an diesem Mitbürger ihrer Heimatgemeinde wohl so manches aufzuholen, lächelte Merana in sich hinein. 21. Dezember, Wintersonnenwende. Die Thomasnacht ist die längste Nacht des Jahres. Erst danach wird das Licht wieder stärker. In manchen Gegenden gilt die Thomasnacht auch als die erste Raunacht.

»Der 21. Dezember bezieht sich nicht auf Thomas von Aquin, sondern auf Thomas, den Apostel«, führte Merana aus. »Der Apostel Thomas zeigte sich, so würden wir Krimineser das gewiss sehen, als strebsamer Ermittler. Die Aussagen von Zeugen allein genügten ihm nicht. Der gewissenhafte Ermittler Thomas verlangte Beweise, um ganz sicherzugehen.«

»Äh, ich kann mich leider kaum an den Religionsunterricht in der Schule erinnern. Aber eines weiß ich schon: Es gab zwölf Apostel.«

»Ganz richtig«, lobte Merana und lächelte anerkennend. »Gemäß Johannesevangelium erschien Jesus nach seiner Auferstehung den versammelten Aposteln. Thomas war nicht dabei. Als ihm die anderen davon berichteten, betonte Thomas, er glaube erst, dass die von den anderen wahrgenommene Erscheinung tatsächlich der Herr war, wenn er die Male der Nägel des Gekreuzigten sehen und mit dem Finger die von der Lanze verursachte Wunde berühren könne. Acht Tage später erschien Jesus erneut. Und der Ermittler Thomas erhielt seine Beweise.«

»Was Sie alles wissen, Herr Kommissar«, staunte der Inspektor. Merana winkte ab.

»Es gibt eine ganze Menge, von dem ich nicht die geringste Ahnung habe. Aber ich bin davon überzeugt, dass Sie dem neugierigen Apostel Thomas weitaus näherstehen als dem theoriegeschulten Kirchenlehrer. Deshalb, Inspektor Kritzer, sage ich: alles Gute zum heutigen Namenstag. Das mit Fernsehsendung sehen müssen Sie mit Abteilungsinspektor Braunberger besprechen. Der kommt in einer Stunde.«

*

»Achtung, die Drei. Schwenk, über die Jury. Langsam. Und zwar. Jetzt.« Die Anweisungen der Regisseurin kamen präzise. Mit ruhiger, aber fester Stimme, so wie es das Team von Jordanka Kostic gewohnt war. »Ella, vorbereiten, Spiegelhalder in der Großen. Achtung, Damian ...« Diese Anweisung richtete sich an den Bildmeister. »Davor Publikum, Halbtotale von der Vier. Jetzt ...« Alle Beteiligten im mobilen Regieraum der Übertragungseinheit richteten die Augen auf die Kontrollmonitore. Einige Personen aus den ersten zwei Publikumsreihen im Saal waren halb schräg von der Seite auszumachen. Unter ihnen war auch der Landeshauptmann zu erkennen.

»Der Herr Landeshauptmann lässt euch beste Grüße ausrichten.« Mit diesen Worten hatte die Senderchefin ihr Fernsehteam vor knapp einer Stunde begrüßt. Virginia Muhr war kurz im hochmodernen, erst vor zwei Monaten angeschafften großen Übertragungswagen aufgetaucht. »Er sei fest davon überzeugt, fügte der Herr Landeshauptmann noch extra hinzu, dass uns eine perfekte Übertragung gelingen werde. Millionen von Zusehern da draußen in Europa, setzte er noch extra hinzu, würden dann mit äußerster Begeisterung feststellen, dass Salzburg wahrlich Großes zu leisten imstande ist.«

»Ich hoffe«, hatte der Bildmeister spöttisch erwidert, »Sie haben dann wenigstens den Versuch unternommen, dem Herrn Landeshauptmann klarzumachen, dass ihm die angesprochenen vielen Millionen gar nichts nützen werden. Denn die können bei der nächsten Landtagswahl nicht ihre Stimme für ihn abgeben, weil sie gar nicht in Salzburg zu Hause sind, sondern eben weit entfernt da draußen in Europa.«

Einige im Team hatten gelacht. Auch die Senderchefin hatte die Bemerkung amüsiert. »Nein, geschätzter Herr Bildmeister, ihn darauf hinzuweisen, habe ich doch glatt vergessen.«

»Na ja«, hatte daraufhin die Regisseurin den spöttischen Tonfall aufgegriffen, »auch Senderchefinnen sind nicht perfekt.« Darauf hatte sie in die Runde gewiesen. »Es genügt, wenn wir es sind. Also, Leute, reißt euch am Riemen!«, hatte sie geklatscht. »Perfekte Teamarbeit ist gefragt.«

»Weil der Herr Landeshauptmann das erwartet?«, hatte Oberthal gespielt neugierig gefragt.

»Weil die Frau Senderchefin es vielleicht will?«, hatte die Kollegin an den Tonreglern bewusst unschuldig hinzugefügt.

»Nein!«, hatte Jordanka sich pathetisch in Szene gesetzt. »Weil *ich* es so will. Ich, eure Regisseurin! Also dann: napred!«

Einige aus dem Team hatten spaßeshalber salutiert. »Sehr wohl, Frau Generalin.« »Napred« bedeutete »vorwärts«. Diese Aufmunterung streute die aus Serbien stammende Regisseurin gelegentlich bei ihren Anweisungen ein.

Virginia Muhr hatte darauf beschwichtigend die Arme gehoben. »Dann zieht sich eure Senderchefin jetzt zurück. In jedem Fall: toi, toi, toi!«

»Wird schon schiefgehen«, hatte der Bildmeister gebrummt. Die Regisseurin war der Chefin noch schnell nach draußen gefolgt. »Virginia, ich gehe davon aus, du hast es ihm noch nicht gesagt.« Die Senderchefin hatte sich erstaunt umgewandt. »Natürlich nicht, Jordanka. Wo denkst du hin? Das wäre äußerst unprofessionell.«

»Wann sagst du es ihm? Erst nach Weihnachten?«

»Nein, so lange will ich nicht warten. Ich bestelle ihn für morgen zu mir ins Büro. Wie war er bei der Probe?«

»Schlecht. So wie in letzter Zeit meistens. Mit seinem aufdringlichen Ich-bin-der-Star-Getue versucht er, Peinlichkeiten zu überspielen.«

»Hast du Bedenken, dass er womöglich die Sendung schmeißt?« Die Senderchefin hatte besorgt geklungen.

»Nein, Virginia, mach dir darüber keine Gedanken. Ich habe ihn schon im Griff. Wir haben bei den Proben alles bis ins Kleinste exakt festgelegt. Jede Geste, jeden Schritt, jeden Satz. Das wird funktionieren.«

»Gut, Jordanka, wollen wir es hoffen. Ich muss jetzt schnell hinüber in den Saal. Ich habe vor der Show mit ein paar Wichtigtuern zu reden.«

»Ich kann mir vorstellen, wie Alex reagieren wird, wenn du es ihm sagst, Virginia. ›Na gut‹, wird er sich aufplustern, ›dann gehe ich eben zu einem anderen Sender und sorge dort für beste Einschaltquoten.‹«

»Da wird er sich täuschen, der gute Alex«, hatte Virginia Muhr ihr entgegnet. »Kein anderer Sender wird ihn nehmen. Dafür werde ich schon sorgen.«

Kostic war daraufhin noch kurz draußen geblieben, hatte nachgedacht. Dann war sie in den Regieraum der Übertragungseinheit zurückgekehrt. Das war eine Stunde vor Beginn der Sendung gewesen. Jetzt waren sie schon mittendrin.

»Achtung, die Große von Kamera drei. Jetzt.«

Auf dem mittleren Kontrollmonitor erschien in Großaufnahme das Gesicht des Kandidaten aus Deutschland. Sebastian Spiegelhalders Stirn glänzte. Das war trotz der aufgetragenen Schminke deutlich auszumachen. Der deutsche Finalist verschwendete sicherlich keinen Gedanken daran, dass er groß im Bild war. Immerhin warteten Millionen Fernsehzuschauer gespannt darauf, für welchen der drei Weihnachtsbäume er sich entscheiden würde.

»Ich nehme den roten«, wisperte er. Dann räusperte er sich, wiederholte laut: »Den roten bitte.« Jetzt kamen die anderen beiden Finalisten ins Bild. Die österreichische Kandidatin entschied sich für den weißen. Für Noah Vättis aus der Schweiz blieb somit der blaue. Vättis hatte im aktuellen Zwischenstand die wenigsten Punkte. Sebastian Spiegelhalder als derzeit Führender hatte als Erster Weihnachtsbaum und Farbe wählen dürfen.

»Die Kandidaten haben sich entschieden. Wohl denn, hoffen wir, dass die himmlische Schar der Weihnachtsengel für jeden der drei die Daumen ganz fest drückt.«

Die Stimme des Moderators bekam einen schmelzenden Tonfall, erinnerte ein wenig an dickflüssiges, ausrinnendes Öl. »Hier kommen die Kuverts mit den Fragen.« Eine weiß gekleidete Assistentin mit flauschigen Engelsflügeln stöckelte langsam mit einem Silbertablett auf ihn zu. Drei Umschläge waren darauf zu erkennen. Ein roter, ein weißer, ein blauer.

Gestartet war die weihnachtliche Show vor zwei Wochen mit der ersten Sendung aus der Schweiz. Neun Kandidaten waren angetreten, drei aus jedem Land, fünf Frauen und vier Männer. Am Schluss der ersten Sendung waren drei ausgeschieden, sechs kamen weiter. Die zweite Show fand in Nürnberg statt, in der Stadt mit dem wohl weltweit bekanntesten Weihnachtsmarkt. Der *Christkindlesmarkt* von Nürnberg ist eine Attraktion für jährlich zweieinhalb Millionen Besucher aus der ganzen Welt. Einige der Fragen bezogen sich auch direkt darauf. Nach der zweiten Sendung blieben dann jene drei Kandidaten über, die nun im großen Finale um den Sieg wetteiferten. Für die Schweiz ging Noah Vättis ins Rennen, ein Pensionist aus Luzern. Fast 30 Jahre lang war er für ein namhaftes Elektrounternehmen als Abteilungsleiter tätig gewesen. Heidemarie Schattauer, eine stattliche dunkelhaarige Frau Mitte 40, trat für Österreich an. Und für Deutschland hatte sich Sebastian Spiegelhalder aus dem Schwarzwald bis ins Finale gekämpft. Er hatte sich als Computerexperte bei der Bundesbahn und leidenschaftlicher Marathonläufer vorgestellt. Alle drei kamen aus unterschiedlichen Berufen. Aber sie hatten eines gemeinsam: Sie interessierten sich in ihrer Freizeit intensiv für alles, was mit Weihnachten zu tun hatte. Das reichte von weihnachtlichem Essen über aktuelle Weihnachtslieder-Hitparaden bis zu Bräuchen rund um Weihnachten auf der ganzen Welt. Der Titel der Show bezog sich auf den Hauptpreis. Die begehrte Skulptur durfte der Sieger oder die Siegerin am Schluss der Show in Händen halten. *The Golden Christmas Tree* diente nur als Symbol. Die Skulptur blieb im Besitz des Hauptsponsors. Wer bei *The Golden Christmas Tree* den Sieg davontrug, bekam dann 100.000 Euro in bar. Gesponsert wurde die Show von einer internationalen Handelskette mit Niederlassungen in über 30 Ländern. *The Golden Christmas Tree* fungierte in diesem Jahr als das Promotionssymbol des Unternehmens. Von Anfang an ging es bei der Show darum, dem Publikum Weihnachtliches in einer internationalen Gesamtschau näherzubringen. Von Weihnachtsmärkten bis Weihnachtsliedern. Von Orten, die gerade zu Weihnachten eine besondere Rolle spielten, bis zu Weihnachtsbräuchen. Von weihnachtlichen Ritualen in den Familien bis zum Hauptanliegen des Sponsors: Weihnachtsgeschenke erwerben und damit Freude bereiten. Dass die finale Sendung in Österreich stattfinden würde, war von Beginn an festgestanden. Als Schauplatz wurde Salzburg gewählt. Immerhin kam das weltweit bedeutendste Weihnachtslied, *Stille Nacht*, direkt aus Salzburg. Erstmals war das Lied am Heiligen Abend 1818 in Oberndorf zu hören, einem kleinen Ort im Salzburger Land. Veranstaltungen wie das Salzburger Adventssingen, lokale Weihnachts- und Christkindlmärkte in Salzburg waren weit über die Grenzen hinaus bekannt. Und mit dem großen Festspielhaus verfügte Salzburg zudem über eine prominente Spielstätte. Dass das Finale der Show direkt aus diesem bedeutenden, weltweit bekannten Kulturtempel übertragen wurde, war von Anfang an ausdrücklicher Wunsch des Sponsors gewesen. Begonnen hatte die heutige Finalsendung auch mit kurzen Ausschnitten aus verschiedenen Salzburger Adventsveranstaltungen. Dazu waren Hirtenkinder live auf der Bühne des Großen Festspielhauses erschienen. Sie hatten eine kleine Szene vorgeführt. Dabei wurde auch gesungen. Begleitet wurden die Hirtenkinder von einem Bläserensemble, gekleidet in Salzburger Tracht. Bald gesellten sich zwei bekannte Musicalsängerinnen dazu. Die beiden hatten beliebte Weihnachtsschlager angestimmt. Sie sangen in deutscher und englischer Sprache. Die Stimmung war poppig, mit Anklängen aus Rock und Jazz. Auch das war dem Sponsor und den Sendungsverantwortlichen von Anfang an wichtig gewesen. Die Show *The Golden Christmas Tree* sollte beides ausstrahlen: internationales Flair und modernes Zeitgefühl genauso wie familiäres Miteinander bei weihnachtlichen Bräuchen und weihnachtlichen Besonderheiten in den verschiedenen Regionen.

Genau von diesem Stimmungsmix waren auch die Fragen und Spiele geprägt, die die Kandidaten im Finale zu bestehen hatten.

»Achtung, die Fünf. Linker Christbaum. Halbtotale. Schwenk zur Bühnenmitte auf Alex,« kommandierte Jordanka Kostic in der Regie. Die Kamera erfasste den Moderator.

»Meine sehr geehrten Damen und Herren hier im Publikum«, begann der Sendungsmoderator. Plötzlich eilte Alex Bramm zum vorderen Rand der Bühne. Die Kamera verlor ihn für einen Moment aus dem Bild.

»Verdammt, was macht er jetzt?«, blaffte die Regisseurin. Die Kamera hatte den Moderator schon wieder im Bild. »Und ich will an dieser Stelle hinzufügen«, Alex Bramm breitete weit die Arme aus, »ein herzliches Grüß Gott an euch, liebe Kinder, hier im Saal.«

»Der Teufel soll ihn holen«, fluchte Kostic, »das war so nicht ausgemacht.« Sie wirbelte herum. »Kamera drei und vier. Schnell. Kinder im Saal zeigen.«

Kamerafrau Ella Kunert brauchte nur ein paar Sekunden, um Kinder in der fünften Reihe zu erspähen.

»Danke, Ella, perfekt«, lobte die Regisseurin. Auch der Bildmeister reagierte schnell. Schon erschienen mehrere Ausschnitte mit neugierig blickenden Kindergesichtern auf dem zentralen Monitor in der Regie und auf den TV-Bildschirmen in Millionen Haushalten europaweit.

»Auch ihr, liebe Kinder, werdet erstaunt sein, wer jetzt gleich zu uns auf die Bühne kommt.« Schwungvoll ließ Bramm den Arm nach hinten schnellen.

»Wir freuen uns auf unsere prominente Jury. Als Erste erwarten wir eine ganz junge Dame aus der Schweiz, aus dem Engadin. Wir begrüßen herzlich die Juniorenweltmeisterin in der nordischen Disziplin Skispringen, Tilda Flesch!«

Das Publikum begann frenetisch zu applaudieren. Die Sportlerin kam im leichten Laufschritt auf die Bühne. Bramm deutete eine Verbeugung an. Die Juniorenweltmeisterin im hellen Hosenanzug nahm am Jurytisch Platz.

»Jurymitglied Nummer zwei kommt aus Hamburg«, setzte Moderator Bramm fort. »Wir kennen sie alle von der Bühne, vom Film, aus dem Fernsehen. Ganz besonders lieben wir sie in ihrer Rolle als gewitzte Detektivin Clarissa Marder. Ich ersuche um gebührenden Applaus für Henny Rubler!«

Erneut wurde heftiges Klatschen laut, verbunden mit jubelnden Zurufen aus den hinteren Publikumsreihen.

»Also mir gefiel der dunkle Hosenanzug besser, den sie bei der ersten Probe trug«, ätzte Bildmeister Damian Oberthal im Regieraum.

»Ich finde, dieses lässige blaue Kleid mit den seitlichen Taschen steht ihr auch gut«, konterte die Regisseurin.

»Bleibt noch als Dritter im Bunde ein Mann, den wir alle schon seit vielen, vielen Jahren schätzen«, flötete der Moderator weiter. »Unsere liebe Henny Rubler schätzt ihn auch als Ehemann. Er ist gebürtiger Salzburger. Auf ihn trifft die Bezeichnung zu, als wäre sie extra für ihn geschaffen worden. Gefeierter Publikumsliebling! Caspar Drollmann! Herzlich willkommen hier im Großen

Festspielhaus, in deiner Heimatstadt!« Der Schauspieler kam herein im eleganten schwarzen Anzug.

»Was ist los, Leute?«, ließ sich Bildmeister Damian Oberthal im Regieraum vernehmen. »Da war ja bei der jungen Skisprungweltmeisterin mehr Zunder im Applaus.«

Die Regisseurin lachte. »Vielleicht ist hier im Finale nicht das richtige Publikum für den *Publikumsliebling*.«

»Liebe Henny«, flötete der Moderator auf der Bühne in Richtung der Schauspielerin, »du bist, wie wir alle wissen, mit deiner Rolle nominiert für den Kritiker-Fernsehpreis, die *Große Diamantenklappe*. Was denkst du, wie stehen deine Chancen?«

Rubler beugte sich vor, steckte die Hände in die seitlichen Taschen ihres Kleides. Offenbar machte sie auf kumpelhaft vertraulich. Dabei schaute sie augenzwinkernd ins Publikum.

»Was würde Clarissa wohl jetzt dazu sagen?«

»Abwarten, Likör trinken«, rief ein junger Mann aus den vorderen Reihen. Einige im Publikum lachten, applaudierten. »Abwarten, Likör trinken«, war eine der vielen beliebten Bemerkungen der Fernseh-Detektivin. Darauf warteten die Zuseher in jeder Folge. Clarissa Marder schenkte sich dann auch jedes Mal ihren geliebten Mandarinenlikör ein, begann, gemächlich daran zu nippen. Dabei versank sie in eine nachdenkliche Pose und wartete auf die entscheidende Eingebung. Die sich auch immer verlässlich einstellte. Worauf die Detektivin austrank und den Fall löste.

»Exakt, junger Mann.« Henny Rubler schickte dem Rufer eine Kusshand. »Und was würde Clarissa noch anmerken?«

»Verzwickter Fall. Aber am Schluss werde ich erfolgreich sein.« Diesen Standardsatz aus der Serie riefen gleich mehrere aus dem Publikum im Chor.

»Wunderbar«, übernahm wieder der Moderator. »Ich bin sicher, das Publikum ist so wie ich fest davon überzeugt. Du wirst bei der Verleihung der *Großen Diamantenklappe* erfolgreich sein.«

»Dann trägt sie hoffentlich ein glanzvolleres Outfit«, kommentierte der Bildmeister. »Also ich finde, dieser blaue Fetzen steht ihr gar nicht.«

Der Moderator auf der Bühne erklärte nun die Rolle der Experten. Auch die waren von Anfang an dabei. Regula Rossi aus dem Tessin war mehrfache Buchautorin zum Themenbereich »Internationale Feste und Bräuche«. Neben ihr saß ein Herr in grauem Anzug. Die dunkle Professorenbrille unterstrich die würdevolle Erscheinung. Das war Fridolin Hankberg von der Universität Göttingen, Professor für europäische Ethnologie. Als Dritter im Bunde präsentierte sich ein etwa 50-jähriger bärtiger Mann im Trachtenjanker. Vinzenz Breitfelder aus Salzburg war ausgewiesener Fachmann für alpenländische Bräuche. Mit der Präsentation des Silbertabletts, das jetzt im Bild war, stieg die Spannung. Jedem im Saal und auch den meisten an den Fernsehgeräten war klar: Jetzt strebte die Show ihrem Höhepunkt zu.

»Kamera eins. Nimm die Kuverts groß ins Bild«, ordnete Jordanka Kostic an. »Dann aufziehen. Achtung Kamera zwei, gleich im Gegenschuss alle drei Kandidaten in der Totalen. Jetzt.«

Auf der Bühne näherte sich nun der Show-Moderator den drei Kandidaten. »Die Spielleitung wird jetzt den Punktestand für alle drei auf null setzen«, erklärte er. Noah Vättis hatte bisher die wenigsten Punkte gesammelt, deshalb musste er gleich beginnen. Der Moderator hielt den blauen Umschlag hoch.

»Ich darf Ihnen die Spielregeln für die verbleibenden letzten Runden erläutern. Geschätztes Finalisten-Trio, liebes Publikum hier im Saal und zu Hause an den Bildschirmen. Ihr wisst alle, die Neun ist eine ganz besondere Zahl. Sie ist ungerade, eine Quadratzahl und die höchste einstellige Zahl im Dezimalsystem. Die Neun gilt in vielen Kulturen als heilige Zahl, als Zahl der Vollkommenheit.« Er wandte sich direkt den Finalisten zu. »Liebe Heidemarie, lieber Noah, lieber Sebastian. Wer von euch als Erster neun Punkte auf dem Konto hat, wer also zuerst die Vollkommenheit erreicht, der ist Sieger. Der erwirbt das Recht, den *Golden Christmas Tree* in den Händen zu halten.«

Er wies zur rechten Seite. Dort war die glänzende Skulptur aufgestellt. »Wer am Schluss den *Golden Christmas Tree* nehmen darf, der gewinnt den Preis, 100.000 Euro in bar!«

Bramm machte einen Schritt zur Seite. Ein Herr im dunkelbraunen Anzug schritt langsam in würdevoller

Haltung vom hinteren Teil der Bühne nach vorn. In der rechten Hand hielt er einen silbernen Koffer.

»Wir begrüßen mit großer Freude Herrn Diplomkaufmann Ottokar Benedikt.«

Zugleich mit dem Applaus des Publikums waren Fanfarenklänge zu vernehmen.

Ottokar Benedikt vertrat als Generaldirektor den Konzern, der die Show sponserte. Er öffnete langsam den Koffer. Eine stattliche Anzahl wohlgeordneter Geldbündel war zu sehen.

»Den Konzernchef länger im Bild halten«, ordnete Jordanka Kostic an. »Kamera zwei, Schwenk auf das Geld im Koffer.« Die Fernsehregisseurin dirigierte die gewünschten Bildeinstellungen bis zum Abgang des Generaldirektors. Davor hatte Ottokar Benedikt den geöffneten Geldkoffer auf einen Glasständer direkt neben die Christbaumstatuette platziert.

»Kamera zwei. Jetzt die Kuverts. Großaufnahme. Kamera fünf. Die Kandidaten in der Halbtotalen. Die Drei bringt Publikum. Jetzt die Eins, langsame Zufahrt auf Alex.«

Der Moderator setzte die Erklärung des Spielverlaufs fort.

»Wie viele Fragerunden es insgesamt werden, liegt an unseren Kandidaten. Weiß er oder sie die richtige Antwort, gibt es in der ersten Runde als Belohnung drei Punkte. Möglicherweise wird gezögert, man ist sich nicht völlig sicher mit der richtigen Antwort. Liebe Kandidaten, dann besteht kein Grund, Verzweiflung aufkommen zu lassen. Denn wir haben etwas in petto. Nicht wahr, geschätzte Jury?«

»Genauso ist es.« Caspar Drollmann erhob sich von seinem Platz. »Liebe Finalisten, es gibt, wenn gebraucht, von uns Hilfe.« Er wies auf den für alle sichtbaren überdimensionalen Monitor. Darauf erschien ein goldfarbenes Gebilde. Die Gestalt zeigte sich kugelförmig. Das Gebilde bewegte sich rasch über den Screen, zischte von einer Ecke zur gegenüberliegenden. Dann huschte es in die Mitte und begann zu rotieren.

»Benötigt der Kandidat oder die Kandidatin Unterstützung«, setzte Drollmann fort, »dann lassen wir unseren goldenen Beistand-Flitzer erscheinen. Er zaubert auf weihnachtswunderliche Weise einen weiteren hilfreichen Hinweis herbei.«

»Weiß der Kandidat, die Kandidatin dann die richtige Antwort«, übernahm wieder der Moderator, »dann gibt es zwar keine drei, aber immerhin noch zwei Punkte.« Das Publikum applaudierte.

»Sollte die Antwort unglücklicherweise dennoch falsch sein, gibt es leider nichts. Allerdings erhalten die anderen beiden Mitspieler dann jeweils einen Punkt.«

Der Moderator hob die Hand. »Danke, verehrter Jurysprecher.« Drollmann nahm wieder Platz. Alex Bramm griff zum blauen Umschlag, hielt ihn deutlich sichtbar in die Kamera.

»In der ersten Runde geht es um ganz bestimmte Bräuche in der Weihnachtszeit.« Er öffnete den Umschlag, zog eine ebenfalls in Blau gehaltene Karte hervor.

»Lieber Noah Vättis, ich richte jetzt die Frage an dich.« Er wies zum großen Monitor. »Hier ist dein erster Hinweis.« Auf dem Screen erschien ein großer Baum. Die Zweige des Baums waren alle kahl.

»Das ist ein Apfelbaum«, erklärte der Moderator. »Wir könnten auch Bilder anderer Bäume hier zeigen. Obstbäume sollten es jedenfalls sein. Auf welchen Brauch in der Weihnachtszeit, von dem man schon Spuren im 13. Jahrhundert findet, könnte dieser Baum verweisen?«

Der Mann aus Luzern begann die Stirn zu runzeln. Er kratzte sich etwas ratlos am Kinn. »Da dämmert etwas in mir auf. Aber ich möchte keine falsche Antwort geben und damit meine Mitspieler mit wertvollen Punkten füttern.« Er schaute nach links, lächelte den anderen beiden Kandidaten zu. Dann wandte er sich wieder an den Moderator. »Könnte ich bitte einen weiteren Hinweis bekommen?«

Alex Bramm setzte ein schiefes Lächeln auf, wie ein Laienschauspieler, dem die Darstellung eines Weihnachtsengels misslang.

»Aber gerne, lieber Noah. Unser goldener Beistand-Flitzer liefert gleich die benötigte Hilfe.« Über die Darstellung des Apfelbaumes huschte das leuchtende Gebilde in Kugelform. Schließlich blieb es an einem großen Ast hängen, begann zu rotieren. Es verwandelte sich in eine goldfarbene Ziffer. Aus der Kugel wurde eine Vier. Erneut kratzte sich der Schweizer am Kinn. Doch gleich darauf entspannte sich seine Miene. »Ich glaube, ich kann jetzt Antwort geben. Ich vermute, die

Vier verweist auf den 4. Dezember. Das ist der Gedenktag der Heiligen Barbara. Für den Brauch, um den es hier geht, sind Obstbäume wichtig. Denn sie liefern die sogenannten Barbarazweige.«

Alex Bramm hob die Hand, drehte sich zu Vinzenz Breitfelder. »Wie ist das Urteil des Experten?« Der Mann in der Trachtenjoppe erhob sich. »Es handelt sich hier um einen alten, weit verbreiteten Brauch. Es geht darum, am 4. Dezember frisch abgeschnittene Obstzweige einzuwässern. Wichtig ist allerdings, dass die Zweige davor schon dem Frost ausgesetzt waren. Diese sogenannten Barbarazweige sollten dann, wenn an die Geburt des Jesuskindes gedacht wird, aufblühen. Also am Heiligen Abend.« Er deutete ein Klatschen an. »Die Antwort unseres Kandidaten ist somit richtig!« Das Publikum übernahm und applaudierte kräftig.

»Gratulation, lieber Noah. Das Maximum von drei Punkten ist es nicht geworden, aber immerhin hast du die ersten zwei Punkte auf deinem Konto.«

Bramm legte das blaue Kuvert zurück auf das Tablett, griff zum weißen Umschlag.

»Hier kommt die Aufgabe für unsere österreichische Kandidatin.« Er zog die Karte mit der Frage aus dem Umschlag. »Wobei, liebe Heidemarie, könnte es sich hier handeln?« Auf dem großen Screen erschien wieder ein Bild. Ein großer silbriger Teller war zu erkennen. Er war angefüllt mit Nüssen, Äpfeln und allerlei Backwerk. Auf diesen Köstlichkeiten thronte ein kunstvolles Gebilde. Reich verzierte, offenbar handgeschnitzte

Holzstöcke hielten vier rote Äpfel, formten sie zu einer aufgetürmten Dreieckspyramide. Die Miene der Landschaftsgärtnerin hatte sich schon erhellt, als das Bild erschien. Dennoch wartete sie ein wenig, ehe sie zur Antwort ansetzte.

»Ich bin mir ziemlich sicher. Was wir hier sehen, ist ein sogenanntes Paradeisl.«

Bramm blickte fragend zum Expertentisch.

»Das Paradeisl, manchmal auch Paradeiser genannt, verweist auf den allseits bekannten, heute weitum gebräuchlichen Adventskranz«, begann Fridolin Hankberg, der Professor aus Göttingen. »Der Adventskranz wurde bekanntlich im Jahr 1839 vom evangelisch-lutherischen Theologen Johann Hinrich Wichern eingeführt. Das Paradeisl ist viel älter. Es ist gewissermaßen ein Vorläufer und erfüllte dieselbe Aufgabe. Die vier Kerzen werden an den vier Adventssonntagen angezündet. Das Licht verweist auf die Ankunft des Erlösers im Stall von Bethlehem. Unsere österreichische Kandidatin hat das Dargestellte richtig erkannt und exakt benannt.«

Das Publikum begann schon zu klatschen, ehe der Universitätsprofessor seine Erklärung beendete.

»Unsere Heidemarie schaffte die richtige Antwort ohne Zuhilfenahme eines weiteren Hinweises durch unsere Beistand-Flitzer. Folglich erhält sie drei Punkte.«

Der Applaus brauste nochmals kurz auf. Alex Bramm holte die Frage aus dem roten Kuvert.

»Lieber Sebastian, hier kommt der erste Hinweis.« Der große Screen wurde ausgefüllt von einem großen weißen fünfzackigen Stern auf rotem Grund. Darunter war ein Schriftzug zu erkennen. *Hürlimann.* »Worauf wird hier verwiesen?«, fragte Bramm.

Der Computerexperte stieß deutlich hörbar Luft aus den nur wenig geöffneten Lippen. »Keine Ahnung. Auf meiner Festplatte formiert sich nicht einmal eine Andeutung von Ahnung. ›Hürlimann‹ könnte ein Name, eine Bezeichnung aus der Schweiz sein.«

»Soll unser Beistand-Flitzer mit einem zweiten Hinweis nachhelfen?«

Spiegelhalder nickte. »Ich bitte darum.«

Der fünfzackige Stern verschwand. Sichtbar wurde die bereits bekannte goldene Kugel. Sie begann sich schnell zu dehnen, verformte sich. Der Gegenstand, zu dem sich die Kugel entwickelte, war gut zu erkennen.

»Das schaut aus wie ein Krummstab«, begann Spiegelhalder. »Dieser Stab könnte auf den Heiligen Nikolaus verweisen. Ist das richtig?« Der Kandidat schaute etwas hilflos zum Moderator. »Ich darf zumindest erwähnen, dass du wohl auf dem richtigen Weg bist«, erwiderte Bramm. »Mehr ist mir nicht erlaubt zu sagen. Gesucht ist eine ganz bestimmte Bezeichnung. Denk an die erste Grafik, die wir zeigten.«

»Ein Stern und der Name ›Hürlimann‹.« Der Finalist aus Deutschland schloss die Augen, konzentrierte sich. Schließlich zuckte er mit den Schultern. »Es tut mir leid. Da fehlt mir eindeutig die notwendige Dateiverknüpfung auf meinem inneren Rechner. Ich weiß keine Antwort.« Raunen war aus dem Publikum zu vernehmen. Alex Bramm bemühte sich, einen tröstlichen Tonfall anzuschlagen. »Das tut mir jetzt sehr leid für dich, lieber Sebastian. Damit bekommen deine Mitspieler je einen Punkt. Aber keine Sorge, du kannst immer noch aufholen.« Er wandte sich an die Expertenrunde. »Liebe Regula Rossi, bitte erfülle uns mit dem Licht der Erkenntnis.«

Die Buchautorin aus dem Tessin schaute zum Kandidatentisch. »Du warst schon ein Stück auf dem richtigen Weg, lieber Sebastian.« Sie wies mit der Hand zum großen Screen. Dort erschien wieder die erste Grafik mit dem fünfzackigen Stern. »Das ist das Logo eines ganz bestimmten Unternehmens«, erklärte sie. »Und zwar das der Brauerei Hürlimann. Sie wurde 1836 in Feldbach in der Gemeinde Hombrechtikon gegründet und ist später übersiedelt. So konnte sie 1867 in Zürich in Betrieb gehen. 130 Jahre wurde dort eifrig Bier gebaut. Dann war leider Schluss. Einmal im Jahr, am 6. Dezember, am Nikolaustag, wurde ein besonderes Bier bei Hürlimann erzeugt. Es wurde zehn Monate gelagert und dann abgefüllt. Auf den Markt gebracht wurde es unter der Bezeichnung *Samichlaus-Bier*.«

Sie deutete hinüber zum Jurytisch. »Liebe Tilda, du bist zwar noch sehr jung. Als die Brauerei 1997 geschlossen wurde, warst du noch nicht einmal auf der Welt. Doch ich bin mir sicher, auch dir ist das *Samichlaus-Bier* ein Begriff.«

»Ja, das ist es!«, rief die Juniorenweltmeisterin erfreut. »Mein Opa hat mir einiges davon erzählt. Er hat sogar noch zwei Flaschen davon im Keller. Das Bier kann man nicht mehr trinken. Aber er behalte sie als Andenken, erklärt mein Opa immer.«

Regula Rossi nickte. »Die richtige Antwort zu dieser Frage wäre gewesen *Samichlaus*. Sag du uns bitte, was man darunter versteht.«

Die junge Frau strahlte übers ganze Gesicht. »›Samichlaus‹ wird in unserer Heimat, in der Schweiz, der Heilige Nikolaus genannt.«

Lärm war plötzlich zu vernehmen. Ein Poltern, untermalt von Tönen, die offenbar aus Alphörnern kamen. Sechs Gestalten trabten von der Seite auf die Bühne. Drei trugen weiße Bärte und stellten unzweifelhaft Nikoläuse dar. Die anderen drei Figuren hatten schwarz gefärbte Gesichter und waren in dunkle Kutten mit Kapuzen gehüllt.

»Herzlich willkommen, liebe Samichläuse.« Moderator Alex Bramm stellte sich mitten in die Schar. Er winkte auch die Juniorenweltmeisterin herbei. Tilda Flesch lief zu ihnen. Bramm deutete auf die unheimlich anmutenden Kapuzengestalten.

»Und wen haben wir hier vor uns, Tilda?«

Eine der Gestalten knurrte die junge Frau an. Tilda begann zu lachen und schubste den dunklen Gesellen weg.

»Das ist ein Schmutzli. Bei uns in der Schweiz begleitet der Schmutzli den Heiligen Nikolaus.«

Die Kuttenträger begannen wild auf den Boden zu stampfen. »Der Schmutzli-Figur begegnet man in der

Schweiz in vielfältiger Erscheinung«, übernahm wieder Bramm. »Mancherorts kennt man den Schmutzli eher als Knecht Ruprecht. Anderswo entspricht er auch dem hierzulande besser bekannten höllischen Krampus.« Eine der Gestalten hielt drohend eine Art Rute in die Höhe. Die Zuschauer lachten, begannen zu klatschen.

Alex Bramm ließ die Kapuzenfiguren noch die junge Sportlerin umkurven. Dann rief er: »Liebe Schmutzlis und liebe Samichläuse. Wir danken euch herzlich, dass ihr keine Mühe gescheut habt, den weiten Weg aus der Schweiz bis hierher nach Salzburg zurückzulegen.« Die Nikoläuse hoben als Gruß die Stäbe. Die drei Schmutzli-Gestalten brüllten nochmals wild in Richtung Publikum. Dann zog die Gruppe ab, begleitet von anfeuerndem Klatschen.

»Einen Applaus auch für unsere Juniorenweltmeisterin«, rief der Moderator. Der Applaus brandete wieder auf. »Danke, Tilda. Du hast das großartig gemacht.«

Die junge Frau winkte ins Publikum, dann huschte sie zurück an den Jurytisch.

»Wir blicken gemeinsam auf den Spielstand nach der ersten Runde im Finale.«

Auf dem Screen erschien die Grafik mit Namen und Punkteanzahl. »Unsere Heidemarie Schattauer hat die Frage ohne Zusatzhinweis richtig beantwortet, somit drei Punkte erobert. Dazu kommt der Zusatzpunkt aus der nicht erbrachten Antwort von Sebastian. Das ergibt für Heidemarie insgesamt vier Punkte. Noah hält bei drei Punkten und auf Sebastians Konto steht einstweilen noch die Null. Aber das kann sich schnell ändern. Nämlich gleich jetzt in der zweiten Runde.«

Musik war zu hören. Auf dem großen Screen startete ein Video. Eine große Anzahl von Kindern war zu sehen, mehr als 30. Sie jubelten. Dann liefen die Kinder zu einem großen, hell erleuchteten Weihnachtsbaum, der im Freien stand. Sie begannen zu singen.

Fröhliche Weihnacht überall tönt es durch die Luft mit frohem Schall!

Die Kinder stoppten den Gesang, begannen vergnügt zu winken.

»In dieser Runde beschäftigen wir uns mit internationalen Weihnachtsliedern«, erklärte der Moderator. Er wies zu den Kindern auf dem Monitor. Über die Szene wurde die Erdkugel geblendet, umgeben von vielen Nationalflaggen in Sternform.

»In dieser Runde kann wieder jeder von euch sein Punktekonto anwachsen lassen. Lieder und Weisen aus unterschiedlichen Regionen sind zu erkennen.«

Damit hatten alle drei Kandidaten kaum Probleme, wie sich schnell herausstellte. Lieder aus Italien, Frankreich, Böhmen, Kroatien und einigen anderen Ländern wurden richtig erkannt und korrekt bezeichnet. Da man dieses Mal zwei Punkte pro Kandidat verdienen konnte, führte nun Heidemarie Schattauer mit sechs Punkten, gefolgt von Noah Vättis mit fünf. Und auch der Kandidat aus Deutschland hatte jetzt die ersten zwei Punkte auf dem Konto.

»Dann starten wir gleich in den nächsten Durchgang.

Jetzt geht es wieder um drei Punkte.« Alex Bramm stoppte in seiner Bewegung ab. Er griff sich an die Stirn, als fiele ihm in diesem Augenblick etwas ein.

»Moment.« Auffällig schaute er zur Jury. »Wenn mein etwas müdes Moderatorenhirn richtig zu rechnen vermag, hochgeschätzte Jury, dann könnte jetzt die Entscheidung fallen. Dann könnte eine Person von den dreien schon in dieser Runde den Hauptpreis abräumen.«

»So ist es, lieber Alex«, ließ Caspar Drollmann seine sonore Stimme hören. »Dein Moderatorenhirn vermag noch immer korrekt zu rechnen.« Er drehte sich zum Publikum. »Ich bin ganz sicher, auch viele von Ihnen können die aktuelle Situation richtig einordnen. Es geht jetzt gleich um drei Punkte. Wenn unsere Heidemarie diese Runde für sich entscheidet«, er wies zu den Kandidaten, »wenn sie also tatsächlich drei Punkte erobert, dann kommt sie insgesamt auf neun Punkte.« Jetzt ließ er seine Stimme anschwellen. »Dann wäre sie die Siegerin.«

Im hinteren Publikumsbereich wurde kräftig gejohlt. Die meisten klatschten.

»Wenn aber Heidemarie diesen Durchgang nicht gewinnt, dann braucht es in jedem Fall eine weitere Runde.« Auf dem großen Monitor erschienen die Namen mit dem aktuellen Punktestand. »Weder Sebastian noch Noah können mit eroberten drei Punkten jetzt schon die Neun erreichen.«

»Danke, verehrter Juryvorsitzender«, übernahm der Moderator. »Nun wird gebuzzert.«

»Achtung, die Buzzer groß ins Bild«, kommandierte Jordanka Kostic in der Fernsehregie. Nacheinander waren die Buzzer zu sehen. Vor jedem der drei Kandidaten stand das Spielgerät auf dem Tisch.

»Wer als Erster buzzert, darf als Erster antworten. Auch in dieser Runde gilt: Stimmt die Antwort, gibt es drei Punkte. Ist die Antwort falsch, bekommt jeder von den zwei anderen einen Punkt. Alles klar?«

»Jetzt die Kandidaten ins Bild«, wies die Fernsehregisseurin ihr Team an. »Alle drei. Totale. Dann jeden einzeln. Ich will ihre Augen sehen.«

Die Kandidaten bemühten sich, ruhig zu wirken. Doch in allen drei Gesichtern war die Anspannung unübersehbar.

»Bitte schaut jetzt zum großen Monitor«, wies der Moderator das Kandidatentrio an. »Ihr werdet gleich etwas sehen. Es gilt, bei dieser Aufgabe zwei Fragen zu beantworten. Frage eins: In welchem Land befinden wir uns? Frage zwei: Um welchen weihnachtlichen Brauch, um welches Ritual handelt es sich hier? Wir brauchen beide Antworten. Nur eine richtige Antwort ist zu wenig. Habt ihr alles verstanden?« Alle drei nickten.

»Dann meine Anweisung an die Regie. Finale Runde drei. Bitte um das Bild!«

Die Erdkugel mit den Nationalflaggen verschwand auf dem Monitor. Dann tauchte aus dem Schwarz eine Szene auf. Wieder konnte man viele Kinder ausmachen. Es waren andere Kinder als vorhin. Die Landschaft, in der sie standen, wirkte südländisch. Die Kinder blickten gebannt auf jemanden, der offenbar außerhalb des Bildes stand. Plötzlich heulte auf der Bühne eine Hupe auf. Ihr Klang erfüllte auch den Zuschauerbereich. Alle blickten zur Sitzgruppe mit den Kandidaten. Offenbar hatte bereits jemand den Buzzer gedrückt. »Wahnsinn!«, rief Alex Bramm. »Das waren ja nicht einmal drei Sekunden.« Gleich wurde allen klar, wer gebuzzert hatte. Es war die österreichische Kandidatin. Sie hatte den Buzzer nicht einfach nur gedrückt, wie man jetzt an der Einspielung mitbekam. Heidemarie Schattauer hatte regelrecht auf das Spielgerät gedroschen. Mit beiden Händen. Die Szene mit den Kindern auf dem Monitor war gestoppt worden. Der Moderator schaute zur Sitzgruppe.

»Unsere vife Kandidatin aus dem salzburgischen Pongau hat als Erste gebuzzert.« Er drehte sich in Richtung Saal. »Ihr wisst, liebes Publikum, was jetzt gleich eintreten kann, wenn die Kandidatin auch noch die zwei richtigen Antworten gibt. Bitte, Heidemarie, komm zu mir.«

Heidemarie Schattauer erhob sich, verließ die Sitzgruppe und bewegte sich auf den Moderator zu. Bramm tastete nach ihrem rechten Arm. Dann strich er ihr übertrieben behutsam über den Handrücken.

»Jetzt kommt es darauf an, allerliebste Heidemarie. Was für ein spannender Moment! Das könnte jetzt der Höhepunkt dieser Sendung sein. Bitte ganz ruhig bleiben.« Die Kandidatin vermittelte nicht den Eindruck, als könnte sie etwas aus der Ruhe bringen. Sie wirkte gelassen.

»Heidemarie. Hier die erste Frage. Um welches Land handelt es sich?«

Er wies hinauf zur eingefrorenen Szene auf dem Screen.

»Der Landschaft nach befinden wir uns in einer Region in Südeuropa«, antwortete die Kandidatin. »Wenn ich richtigliege mit meiner Vermutung, dann müsste das Spanien sein.«

Alex Bramm wiegte den Kopf hin und her. »Wir wollen das einmal so stehen lassen. Wir haben alle deine Antwort deutlich vernommen. Spanien sagtest du. Hier ist Frage Nummer zwei: Worum könnte es da gehen?«

Die Frau blickte hoch zum Screen. »Wenn ich mich in der Eile nicht verzählt habe, dann ist die Anzahl der Kinder 22.«

»Lass es uns gemeinsam überprüfen«, säuselte er. Er wies nach oben, tat, als tippe er mit dem Zeigefinger auf jedes einzelne Kind. Gleichzeitig zählte er laut mit.

»... 18, 19, 20, 21 ... und ...« Seine Stimme schwoll an. »Du hast richtig gezählt, liebe Heidemarie. Es sind exakt 22.«

Er schaute sie erwartungsvoll an.

»Was kann das bedeuten? Was machen diese Kinder?« Die Augen der Kandidatin leuchteten. »Ich gehe davon aus, sie werden gleich singen. Und zwar Zahlen. Sie werden Lotteriezahlen singen. Es handelt sich hier um *Sorteo de Navidad*.«

»Lotteriezahlen?«, rief Bramm, schüttelte betont auffällig den Kopf. »Das hört sich wahrlich verrückt an.

Aus meiner Erfahrung singen Kinder *Alle meine Entlein*, *Leo Lausemaus* oder das *Lied der Schlümpfe*. Aber doch keine Lottozahlen. Eine wahrhaft bizarr klingende Behauptung, die unsere Heidemarie da in den Raum stellt. Wir wollen das sofort überprüfen. Regie, bitte die Szene weiterlaufen lassen.«

Das eingefrorene Bild auf dem Monitor begann sich zu bewegen. Von außen kam nun eine junge Frau ins Bild. Sie hielt ein Mikrofon in der Hand. Sie winkte zusammen mit den Kindern in die Kamera. »Hallo, Salzburg!«, rief sie vergnügt. »Wir grüßen euch aus der Provinz Valencia.« Sie wies mit der freien Hand nach hinten. »Das sind Kinder von der *Educación primaria* aus Alboraya.« Wie aufs Stichwort begannen die Kinder zu singen. Die junge Frau hörte ihnen kurz zu, dann sprach sie wieder in die Kamera. »Das sind 22 Kinder. 22 ist eine wichtige Zahl zur Weihnachtszeit für uns in Spanien. Seit Ende des 19. Jahrhunderts haben wir in unserer Heimat den *Sorteo de Navidad*, die Weihnachtslotterie. Die *Lotería Nacional* spielt dabei eine unvorstellbar riesige Summe aus. Der Haupttreffer liegt bei über 700 Millionen Euro. *El Gordo*, der Fette, sagen wir in Spanien dazu. Die Ziehung ist gemäß Tradition immer am 22. Dezember. Man kann sagen, erst damit beginnt für uns in Spanien die Weihnachtszeit. Weihnachtliches Ritual ist es auch, dass Kinder die gezogenen Lotteriezahlen singen.« Sie trat zur Seite. Die Kinder waren noch kurz zu hören, dann beendeten sie den Gesang. Sie zogen aus ihren Taschen kleine Papierscheine, offenbar Lotteriezettel. Sie winkten damit und riefen fröhlich: »Feliz Navidad!« Im Saal ging der Gruß der Kinder akustisch beinahe unter. Denn die meisten der Zuschauer im Großen Festspielhaus hatten sich schon längst aus ihren Sitzen erhoben und applaudierten ausgelassen im Stehen. Einige skandierten: »Hei-de-marie, Hei-de-marie …«

»Wir haben es gehört«, schrie Alex Bramm und bemühte sich, den enthusiastischen Beifall zu übertönen. »Beide Antworten unserer Finalistin sind richtig. Somit geht der Hauptpreis von 100.000 Euro an Heidemarie Schattauer!«

Nun stimmten auch die beiden anderen Finalisten applaudierend in den Jubel mit ein. Jetzt vermochte die Gewinnerin ihre Rührung nicht mehr zu bändigen. Sie zitterte und begann vor Freude zu weinen.

Das alles geschah kurz vor 21.30 Uhr abends. Die Stimmung war ausgelassen und prächtig. Endlich war entschieden, wer nach wochenlangem Vorspiel im Finale der Show den Hauptpreis abräumte. Nun stand endgültig fest, wer die 100.000 Euro überreicht bekam. Die TV-Einschaltquoten erreichten zu diesem Zeitpunkt in allen drei Ländern rekordverdächtige Höhen. Insgesamt sahen um 21.30 Uhr in Österreich, in der Schweiz und in Deutschland rund 41,35 Millionen Menschen zu. Dazu kamen noch viele Zuschauer in anderen Ländern, wo die Gewinnshow ebenfalls per TV oder Internet mitzuverfolgen war. Allein in den drei deutschsprachigen Ländern waren es mehr Fernsehzuschauer als seinerzeit beim Fußball-WM-Finale 2014, als Deutschland in der Nachspielzeit gegen Argentinien mit 1:0 gewann. *The Golden Chrismas Tree* war mit der Überreichung des Hauptpreises noch nicht zu Ende. Geboten wurde noch ein Nachspiel zur Show. Man gewährte den Zusehern einen »Blick hinter die Kulissen«. Dieses Ereignis war schon wochenlang in allen wichtigen Medien angepriesen worden. Die Menschen zu Hause an ihren TV-Geräten sollten ausgiebig Einblick bekommen in die After-Show-Party. Sie sollten live dabei sein, wenn alle Beteiligten sich noch auf besondere Weise amüsierten. Sie sollten sich mitfreuen, wenn die Finalteilnehmer, die Sendungsgestalter, die Sponsoren zusammen mit den vielen anwesenden Promis das erfolgreiche Gelingen der Show gebührend feierten. So waren es dann immer noch mehr als 35 Millionen Zuschauer, die mitbekamen, wie die heitere Stimmung sich schlagartig änderte. Eingesetzt waren bei dieser Party zwei mobile Außenteams. Jedes der beiden Teams bestand aus einem Kameramann und einer Reporterin. Dirigiert wurden die Teams von Jordanka Kostic aus der Fernsehregie. Es war exakt 21.58 Uhr, als Team A sich einer kleinen Gruppe inmitten der vielen Feiernden näherte. Unter ihnen war auch die Senderdirektorin auszumachen.

»Mia, versuch, ein paar Statements von den Schauspielern zu bekommen«, wies Kostic die Reporterin an. »Und danach sollte auch unsere Chefin etwas sagen.«

»Wird gemacht, Frau Kostic«, bestätigte die Reporterin über Funk.

»Achtung. Ihr seid gleich auf Sendung«, kommandierte Kostic. »Drei, zwo, eins ... jetzt.«

Man sah die Reporterin, wie sie mit fröhlichem Ausdruck im Gesicht in die Kamera sprach. »Wie man merkt, ist die Stimmung nach wie vor bestens. Hier treffen wir auf das beliebte Schauspielerehepaar aus der Jury.« Mia wandte sich der Gruppe zu. »Wir wollen sie gleich befragen und hoffen dabei zu erfahren, wie es für sie beide ...« Weiter kam die Reporterin nicht. Wie jeder mitverfolgen konnte, fasste sich der Schauspieler in diesem Moment an die Brust. Er begann heftig zu röcheln, sackte in die Knie, wobei ihm der Snackteller aus der Hand fiel. Dann stürzte er vornüber auf den Boden. Der Publikumsliebling und Juryvorsitzende Caspar Drollmann war tot, gestorben vor den Augen von über 35 Millionen Zeugen an den TV-Geräten.

*

Sonntag, 21. Dezember, 22.43 Uhr.

Merana hatte es in 21 Minuten geschafft. Er parkte sein Auto direkt in der Hofstallgasse. Otmar Braunberger befand sich schon innerhalb des Gebäudekomplexes. Auf der Herfahrt hatte Merana sich vom Abteilungsinspektor schildern lassen, was bisher bekannt war. Schauplatz der Hauptshow war die Bühne des Großen Festspielhauses. Als Location für die After-Show-Party hatte man den Bühnenbereich der Felsenreitschule gewählt. Bei diesem After-Show-Ereignis waren an die 50 Personen anwesend. Einer von ihnen war Caspar Drollmann. Mitten im Trubel habe der Mann sich an die Brust gefasst. Gleich darauf war er zu Boden gestürzt. Der für die Veranstaltung eingeteilte Arzt war augenblicklich zur Stelle gewesen. Er hatte nur mehr den Tod des Schauspielers feststellen können, wie Merana auf der Herfahrt erfuhr. Auch Kollegin Trapp hatte sich schnell am Tatort eingefunden. Merana stieg aus dem Wagen, eilte auf den Eingang der Festspielhäuser zu. An der Tür grüßten ihn zwei uniformierte Beamte. Sie kamen von der Polizeiinspektion Rathaus. »Danke, Kollegen. Ich kenne den Weg zur Felsenreitschule.« Er hastete weiter. Die Kontrollinspektorin empfing ihn direkt am Bühneneingang. Drei Mitarbeiter der Tatortgruppe waren schon anwesend. Thomas Brunner würde mit den anderen bald folgen. Auf der Spielfläche der Felsenreitschule hatte Merana sich noch nie befunden, im Zuschauerraum öfter. Er hatte in dieser Kunststätte inzwischen einiges erlebt. Oper, Konzert, Schauspiel, Tanz. Jedes Mal war er aufs Neue von der besonderen Szenerie dieses ungewöhnlichen Ortes fasziniert gewesen. Das lag in erster Linie an den steinernen Arkaden, angeordnet in drei übereinanderliegenden Geschossen. Früher diente dieser Ort als erzbischöfliche Sommerreitschule. Gelegentlich wurden hier auch Tierhatzen veranstaltet. Die Zuschauer für dieses Spektakel fanden dann in den insgesamt 96 Arkaden Platz.

Kulturspielstätte wurde diese ehrwürdige Anlage in den 1920er-Jahren im Rahmen der Salzburger Festspiele. Auch jetzt musste Merana zumindest für einen Moment zu den steinernen Rundbögen aufschauen, ehe er sich dem vorderen Bühnenbereich näherte. Der Tote lag auf dem Rücken. Merana hielt kurz inne. So wie immer, wenn er sich anschickte, den unsichtbaren Kreis zu betreten, den der Tod hinterlassen hatte. Seine Mitarbeiter wussten das. Niemand stieß sich daran. Er wartete, atmete tief ein. Dann näherte er sich langsam der Leiche. Etwa zehn Meter entfernt vom Toten bemerkte er eine Frau. Sie war ihm von der Theaterbühne und aus dem Fernsehen bekannt. Das war Henny Rubler. Die Schauspielerin saß auf einem breiten Holzstuhl. Ihre Schultern bebten. Tränen rannen ihr übers Gesicht. Er war der Künstlerin noch nie persönlich begegnet. Neben Henny Rubler stand ein Mann in hellem Anzug. Er hatte die linke Hand auf die Schulter der Frau gelegt, bemühte sich, sie zu trösten

»Das ist Doktor Tobias Klang«, erklärte ihm Braunberger. »Er wurde der Veranstaltung als verantwortlicher Arzt zugeteilt.« Merana ließ sich in die Hocke nieder. Auch Caspar Drollmann hatte er schon einige Male im Fernsehen erlebt. Noch nie auf der Bühne. Als wäre das Mienenspiel eingefroren, wirkte das Gesicht des Toten seltsam entstellt.

»Ich schaffte es auch, sehr schnell zur Stelle zu sein.« Merana blickte hoch. Die Kontrollinspektorin sprach leise. »So wie ich neigt auch Herr Doktor Klang zur

Ansicht, dass kein natürlicher Tod vorliegt. Es könnte sich um eine Vergiftung handeln. Beim Zusammensacken fiel Drollmann der Snackteller aus der Hand. Ein paar Essensreste lagen verstreut auf dem Boden. Ich habe sie sofort sichergestellt.«

»Wo sind diese Stücke?«

»Wir haben sie bereits Brunners Leuten übergeben«, gab der Abteilungsinspektor Bescheid. Merana erhob sich, sah sich erneut um. Der Großteil der Menschen, die an der After-Show-Party teilgenommen hatten, befanden sich weiter entfernt im hinteren Bühnenbereich. Manche hatten sich auch in die ersten Zuschauerreihen zurückgezogen. Drei Mitarbeiterinnen vom Roten Kreuz und zwei uniformierte Polizeibeamte kümmerten sich um die Leute. Merana war an vielen ganz unterschiedlichen Tatorten gewesen. Gelegentlich war er dabei auf größere Ansammlungen von Personen gestoßen. Die zeigten sich meist aufgrund der Ereignisse aufgewühlt. Aufgeregtes Stimmengewirr hatte Merana dabei meist umgeben. Aber hier war es anders. Ein furchtbares Unglück war an dieser Stätte passiert. Mitten unter den Feiernden. Betroffenheit war den Leuten anzumerken. Aber sie gaben keinen Laut von sich, sie schwiegen. Merana vernahm nicht einmal aufgeregtes Flüstern. Stille. *Eisiges Schweigen.* Warum fiel ihm diese Metapher gerade jetzt ein? Offenbar färbte die spürbare theatralische Aura auf die Umgebung ab. Eine Gruppe von vier Personen war in der Nähe auszumachen. Das waren jene Leute, mit denen sich Caspar Drollmann kurz vor dem Zusammenbruch unterhalten hatte, erfuhr er von Braunberger. Unter diesen Personen erkannte er Virginia Muhr. Die Senderchefin war ihm einigermaßen vertraut. Ihr war er bisher zweimal begegnet. Die anderen waren ihm fremd. Er wandte sich an den Abteilungsinspektor.

»Ich möchte mit Drollmanns Ehefrau beginnen. Holt mir auch die anderen vier dazu. Um den Rest der Gesellschaft kümmern wir uns später.«

Er ging langsam auf die Schauspielerin zu. »Ich kann es immer noch nicht fassen«, seufzte die auf dem Holzstuhl zusammengekauerte Frau. Sie presste sich ein Taschentuch gegen die Stirn. »Mein Mann hatte ein schwaches Herz. Er war kürzlich deswegen lange auf Kur. Aber dass er jetzt jählings … gleichsam wie getroffen vom Blitz aus verdüstertem Himmel …«

Sie drückte das Taschentuch gegen ihren Mund. Der Rest des Satzes war im Schluchzen nicht mehr zu verstehen.

»Wir möchten Sie gar nicht länger belästigen, Frau Rubler. Ich will Sie nur fragen, ob Ihnen etwas Besonderes auffiel, kurz bevor Ihr Mann zusammenbrach.«

Sie riss die Hand mit dem Taschentuch nach unten. »Was soll mir aufgefallen sein? Wir haben uns alle bestens unterhalten. Wir haben sogar geblödelt …« Das letzte Wort ging wieder in Schluchzen über. »Darf ich dieselbe Frage auch an Sie richten?« Die Kontrollinspektorin hatte inzwischen die vier Personen herangeführt. Sie wurden ihm vorgestellt. Noah Vättis, einer der Spielkandidaten. Tilda Flesch, Juniorenweltmeisterin und Mitglied der Jury. Generaldirektor Ottokar Benedikt, Vertreter des Sponsorunternehmens.

»Was soll überhaupt diese Fragerei?«, herrschte Henny Rubler ihn an. Jetzt weinte die Schauspielerin nicht mehr. Nun begehrte sie zornig auf. »Wer sind Sie überhaupt?«

»Entschuldigen Sie, dass ich mich noch nicht vorstellte. Mein Name ist Martin Merana. Ich bin der Leiter der Salzburger Kriminalpolizei.«

»Was?«, fauchte sie ihn unvermittelt an. »Was will ausgerechnet die Kripo hier?«

Merana ließ sich Zeit mit der Antwort.

»Jetzt reden Sie schon.«

Er wies auf den Arzt im hellen Anzug. »Wie Doktor Klang bereits unserer Kollegin, Kontrollinspektorin Trapp, gegenüber äußerte, gäbe es Anzeichen, die darauf hindeuten, Ihr Mann könnte möglicherweise durch eine Vergiftung zu Tode gekommen sein.«

»Vergiftung?« Jetzt kreischte sie laut. Einige der weiter entfernt Stehenden schauten verwundert in ihre Richtung. »Wie kommen Sie zu diesem Unfug? Mein Mann hatte bedauerlicherweise ein schwaches Herz …«

»Klarheit«, unterbrach Merana sie freundlich, »kann hier nur eine gründliche Untersuchung schaffen.« Er wies auf die Kontrollinspektorin. »Unsere Kollegin konnte einige der Essensreste, die vom Teller Ihres Mannes fielen, sicherstellen. Ob etwas davon tatsächlich vergiftet war, werden unsere Spezialisten schnell herausfinden.«

»Mein Gott!« Der Ausruf, den er vernahm, klang leicht verzweifelt. Merana drehte sich um. Er schaute auf eine tief erschrockene Virginia Muhr. »Wenn tatsächlich Gift die Ursache ist …« Das Gesicht der Senderchefin wurde kalkweiß. »Dann galt der Anschlag womöglich mir.« Sie richtete ihre weit aufgerissenen Augen auf den Kommissar. »Es war mein Teller, von dem Caspar Drollmann aß.«

*

Montag, 22. Dezember, 5 Uhr

Um 3 Uhr war sie ins Bett gekommen. Geschlafen hatte sie nicht. Keine einzige Sekunde lang. Immer wieder waren die Bilder der vergangenen Nacht in Beate Trapps Kopf aufgeflackert. Manchmal verworren und konfus. Dann wieder in erschreckend schmerzender Klarheit. Sie hatte sich vor drei Wochen so gefreut, als der Kommissar zugestimmt hatte, dass sie die polizeiliche Aufgabe bei der Fernsehsendung übernehmen durfte. Es war ihr großer Wunsch gewesen. Denn dabei würde sie auf Henny Rubler treffen. Vielleicht würde sich sogar die Gelegenheit ergeben, ein paar Worte mit der berühmten Schauspielerin zu wechseln. Das hatte sie zumindest gehofft. Beate war ein großer Fan der Serie. Sie hatte jede Folge von *Clarissa Marder* mindestens zweimal gesehen. Manche sogar öfter. Sie hatte sich auch das Buch zur Serie besorgt. Vielleicht würde Henny

Rubler es signieren und ihr sogar eine Widmung hineinschreiben. Bei den aufwendigen Proben zur Fernsehsendung konnte man einander vermutlich nicht so leicht näherkommen. Da war gewiss zu viel Trubel, da blieb wenig Zeit. Das hatte sie von Anfang an vermutet. Aber bestimmt würde sich bei der After-Show-Party ein günstiger Moment für ihren Wunsch ergeben, hatte sie gehofft. Und dann passierte das schreckliche Unglück. Gewiss, sie war ihrem Idol nahegekommen. Aber in völlig anderer Weise, als sie sich ausgemalt hatte. Die verehrte Schauspielerin war die Ehefrau des Tatopfers. Beate konnte nunmehr mit Henny Rubler nicht als leidenschaftlicher Fan ins Gespräch kommen, allerhöchstens als polizeiliche Ermittlerin. Sie seufzte. Sie war längst aufgestanden, hatte sich einen Tee zubereitet. Gelegentlich trank sie auch Kaffee, aber meistens gönnte sie sich eine gute Tasse Tee. So auch jetzt. Sie bevorzugte Assam. Sie hatte in Salzburg ein kleines Geschäft entdeckt, das hervorragenden Assam-Tee zum Kauf anbot. Der Tee war stark. Sehr stark. So wie sie ihn am liebsten hatte. Beim Trinken von Assam-Tee kamen ihr oft Bienen in den Sinn. Der malzige Geschmack erinnerte sie immer an Honig. Sie schaute zur Uhr. Um 9 Uhr früh musste sie an der Team-Sitzung teilnehmen. Sie hatte noch in der Nacht dem Kommissar geschildert, wie ihr sofort der Verdacht gekommen war, dass die Ursache für Conrad Drollmanns Tod möglicherweise in einer Vergiftung lag. Beates Vater war vor zwei Jahren gestorben. Fast ein halbes Jahrhundert lang war Professor Balduin Trapp regelmäßig zu großen Forschungsreisen aufgebrochen. Dabei war er oft monatelang unterwegs gewesen. Die bevorzugten Regionen, die ihr Vater aufsuchte, waren Lateinamerika und verschiedene Territorien der Karibik. Balduin Trapp war Sprachwissenschaftler, Geologe und zudem leidenschaftlicher Ethnologe. Er hatte Beate schon in deren Kindheit mit der Lebensweise indigener Völker aus den von ihm bereisten Gegenden vertraut gemacht. Dabei hatte sie viel über seltene Gifte erfahren. Ihr Vater hatte ihr auch Bilder von Menschen gezeigt, die an solchen Giften gestorben waren. Die kaum wahrzunehmende, aber ihr durchaus vertraute Form der Schwellung an den Lippen und die leicht bläuliche Verfärbung der Haut waren ihr sofort aufgefallen, als sie den Toten untersuchte. Und auch der Arzt, der hinzukam, war in seiner Einschätzung ähnlich gelegen. »Es könnte sich um eine Vergiftung handeln«, hatte Doktor Klang sich geäußert und ihren Verdacht bestärkt.

*

Montag, 22. Dezember, 9 Uhr

Merana hatte Hofrat Günther Kerner, dem Polizeipräsidenten, schon um 6 Uhr früh Bericht erstattet. »Du hättest mich auch um Mitternacht oder meinetwegen um 3 Uhr morgens anrufen können, Merana«, hatte der Hofrat gepoltert. »Du weißt, dass ich über alles immer auf der Stelle unterrichtet werden will. Noch dazu in die-

sem Fall, wo der Tote ein prominenter Schauspieler ist.«
Eine Weile hatte der Hofrat noch geknurrt, um sich dann
gleich um Meranas Bitte zu kümmern. Wie gelegentlich auch bei anderen Fällen, wollte der Kommissar sein
Team um Kollegen und Kolleginnen aus anderen Bereichen, die nicht direkt mit Mordermittlungen zu tun hatten, aufstocken. Folglich blickte Merana in die Gesichter von insgesamt 16 Personen, als er zum angeordneten
Meeting im großen Sitzungsraum eintraf. »Guten Morgen, Kolleginnen und Kollegen. Um alle auf denselben
Ermittlungsstand zu bringen, wollen wir uns zuerst einen
groben Überblick verschaffen. Was ist vorgefallen? Was
konnten wir bisher feststellen?« Er gab Thomas Brunner,
dem Leiter der Tatortgruppe, ein Zeichen. Der wischte
über den Screen seines Tablets. Auf dem großen Monitor, der an der gegenüberliegenden Wand montiert war,
erschien die Porträtaufnahme eines Mannes. »Bei dem
Toten handelt es sich um Caspar Drollmann.«

»Habt ihr auch in der Radio-Morgensendung das
Interview mit den beiden Frauen gehört? Die waren
mächtig stolz und bildeten sich viel darauf ein, dass
sie seinerzeit mit Drollmann in Itzling die Volksschule
besuchten.« Der Mann, der diese Bemerkung ein wenig
hämisch von sich gab, war Gruppeninspektor Theo Gellmann. Er war auf Kerners Anweisung vom Ermittlungs-
bereich Brand zur Mordermittlung überstellt worden.
»Ja«, stimmte eine der Kolleginnen ihm zu. Sie kam vom
EB 7, Umweltkriminalität. »Mich erstaunt es immer, wie
professionell die Redakteure und Sendungsverantwortli-

chen beim Radio reagieren. Wie haben die nur so schnell die beiden Frauen aufgetrieben?«

»Danke, Kollege Gellmann. Danke, Kollegin Tritscher. Wenn uns Zeit bleibt und wir nicht wissen, was wir sonst damit anfangen sollen, dann können wir ja gerne diesen bedeutenden Fragen nachgehen. Aber bis dahin kümmern wir uns um anderes.«

»'tschuldigung.« Tritscher hob die Hand. »Mir ist das eben rausgerutscht, weil ich die vifen Typen beim Radio oft einfach nur bewundern kann.«

»Dann ersuche ich alle vifen Typen in diesem Raum, sich voll darauf zu konzentrieren, worum es uns eigentlich geht.«

Merana fasste in knappen Worten zusammen, was gestern bei der After-Show-Party in der Felsenreitschule passiert war. Thomas Brunner lieferte via Monitor die entsprechenden Bilder dazu.

»Caspar Drollmann, Juryvorsitzender, Schauspieler, bestens bekannt in der Öffentlichkeit, ist das Opfer. Aber, und was ich jetzt sage, ist für unser Vorgehen bedeutend und bleibt bis auf Weiteres unter uns: Es besteht der dringende Verdacht, dass Drollmann gar nicht gemeint war.«

Merana schilderte dem Team die Ausführungen von Virginia Muhr. Die Senderchefin meinte, sie könnte das eigentliche Ziel gewesen sein. Denn Drollmann habe von ihrem Teller gegessen.

»Wie kam es dazu?«, fragte jemand aus der Runde. Es war Inspektorin Tamara Kelinic.

»Drollmann stieß im Trubel unabsichtlich gegen die Senderchefin, wodurch von deren Teller einige Stücke zu Boden fielen. Daraufhin bot der Schauspieler ihr an zu tauschen. Sie möge von seinem wohlgefüllten Teller essen. Er könnte ja dafür ihren nehmen.«

»Dann kommt wohl tatsächlich die Senderchefin als eigentliches Opfer infrage«, meinte Kelinic. »Aber vielleicht gab es bei diesem Verbrechen gar kein gezieltes Vorgehen gegen eine ganz bestimmte Person. Es könnte doch auch so sein, dass irgendein Idiot ein vergiftetes Stück Essen am Buffet deponierte, um zu beobachten, was passiert. Dann könnte er sich daran ergötzen, wen es trifft. Es wäre nicht das erste Mal, dass uns ein derart mieser Typ unterkommt.«

»Oder eine Typin«, warf Gellmann ein und hob pathetisch den Zeigefinger. »Wir wollen nicht vergessen, schön brav zu gendern, verehrte Frau Kollegin.«

»Typin? Gibt es diese Form laut Duden überhaupt?«, erwiderte Inspektorin Kelinic verschmitzt. »Dann müsste zu ›der Kerl‹ auch ›die Kerlin‹ existieren.«

»Dazu sollten wir uns umgehend mit der Gleichbehandlungsbeauftragten im Innenministerium in Verbindung setzen«, scherzte Gellmann.

»Danke«, fuhr Merana dazwischen. Er war laut geworden. »Treibt dieses Geplänkel später weiter. Ganz allein unter euch. Ich erwarte bei diesem Meeting volle Konzentration auf den uns aktuell vorliegenden Fall.«

»Aber eines gilt es doch anzumerken«, meldete sich Otmar Braunberger. »Kollegin Kelinic hat recht mit ihrer Bemerkung. Wir müssen die Annahme zumindest miteinbeziehen, dass es, wie Tamara ausführte, völliger Zufall sein könnte, wer das Gift abbekam.«

»Selbstverständlich«, bestätigte Merana. »Inspektorin Kelinic hat es richtig formuliert. Wir werden uns alle Möglichkeiten offenhalten. Auch solche, die uns auf den ersten Blick vielleicht als unwahrscheinlich vorkommen. So halten wir es immer. Genauso werden wir auch in diesem Fall vorgehen. Als Virginia Muhr ihre Vermutung äußerte, war niemand aus der Crew des Senders in der Nähe. Mitbekommen hatten diese Bemerkung außer uns Polizisten nur die Schauspielerin Henny Rubler und drei weitere Personen.«

Brunner wischte über das Tablet. Auf dem Monitor erschienen die Gesichter, vermerkt mit Namen und Funktion. Virginia Muhr. Ottokar Benedikt. Noah Vättis. Tilda Flesch.

Merana sprach weiter. »Ich verpflichtete die anderen drei, niemandem gegenüber dazu etwas in dieser Richtung zu äußern.«

»Wir wollen hoffen, sie halten sich daran«, bemerkte der Abteilungsinspektor.

Merana blickte zum Tatortgruppenleiter.

»Thomas, stell bitte die Verbindung zu Eleonore her. Sie meinte vor einer Stunde am Telefon, sie wäre wohl noch in der Gerichtsmedizin erreichbar.«

Gleich darauf erschien das Gesicht der Pathologin auf dem Monitor, wie meist mit leicht mürrischer Miene.

»Merana, kannst du dafür sorgen, dass deine Mörder

ihre Untaten zu verträglichen Zeiten begehen? Dann könnt ihr auch die Leichen zu angemessenen Tageszeiten aufspüren. Rund um Mittag wäre es ideal. Dann könnte ich mich mit den Dahingeschiedenen am Nachmittag beschäftigen. Das käme mir sehr entgegen.«

Merana unterdrückte ein Schmunzeln. »Selbstverständlich, Eleonore. Dein Wunsch ist uns Befehl.« Sie spielte offensichtlich darauf an, dass Merana sie noch während der Nacht angerufen und gebeten hatte, sich gleich am frühen Morgen den Toten anzuschauen. Die Zeit drängte. Rätselhaftes Hinscheiden eines Promis. Womöglich Mord. Da flippen die Medien schnell aus, wie der Polizeichef bemerkt hatte. »Ich nehme an, Beate Trapp ist in eurer Runde.« Der Tonfall der Gerichtsmedizinerin war freundlicher geworden. Brunner drehte die Kamera in Richtung der Kontrollinspektorin.

»Freut mich, wenigstens über Bildschirm Ihre Bekanntschaft zu machen«, war die Gerichtsmedizinerin zu hören. »Ihre Vermutung, geschätzte Beate, war äußerst hilfreich. Andernfalls wäre ich in der kurzen Zeit wohl noch zu keinem brauchbaren Ergebnis gekommen.« Merana hatte Doktor Plankowitz von Beate Trapps Verdacht berichtet, es könnte sich um eine ganz bestimmte Art von Gift handeln.

»Batrachotoxin«, fuhr die Gerichtsmedizinerin fort. »Genau das war es. Kontrollinspektorin Trapps Verdacht hat mich auf die richtige Spur gebracht. Batrachotoxin hat dazu geführt, dem bedauernswerten Caspar Drollmann sein Promilebenslicht auszublasen.« Sie wartete. Ihre Lippen formten sich zu einem leichten Grinsen.

»Dass jetzt die meisten von euch vermutlich etwas ratlos dreinschauen, kann ich gut verstehen. Auch mir ist dieser Name bisher nur äußerst selten untergekommen. Batrachotoxin ist jenes Steroidalkaloid, das nach derzeitigem Stand der Forschung am absolut giftigsten ist. Ohne euch mit Fachbegriffen länger zu verwirren, darf ich folgende Erklärung anführen: Gewonnen wird es aus der Haut von Pfeilgiftfröschen. Ich entdeckte Batrachotoxin in der Speiseröhre des Toten. Eine winzige Menge war auch in der Mundschleimhaut zu finden. Drollmann hat das Gift zusammen mit der Nahrung aufgenommen. Welchem Teil der Nahrung in welcher Form die giftige Substanz beigefügt war, weiß ich derzeit nicht. Anhand der leider sehr kümmerlichen Reste ist es fraglich, ob es mir überhaupt gelingt, das festzustellen. Aber wenn ich es weiß, wirst du es als Erster erfahren, Merana.« Sie beugte sich nach vorn. Dann erlosch das Bild. Gleich darauf erschien ein anderes Bild auf dem Monitor. Thomas Brunner hatte schnell reagiert. Ein Frosch mit gelber Haut, durchsetzt mit schwarzen Streifen, erschien auf dem Bildschirm. Darunter war die Bezeichnung zu lesen »Pfeilgiftfrosch. Aus der Familie der Baumsteigerfrösche«.

»Sind Ihnen Frösche dieser Art bekannt, Frau Kontrollinspektorin?«, fragte Merana.

»Ja«, bestätigte Beate Trapp. »Mein Vater erzählte mir oft davon. Besonders ein bestimmter indigener Stamm aus Amazonien hatte es ihm sehr angetan. Das liegt im Osten von Ecuador. Der Name dieser Ethnie fällt mir jetzt nicht ein. Aber das Gift, das die Jäger dieses Stammes für ihre Pfeile verwendeten, war ein ganz besonderes. Ein derart starkes, tödliches Gift war anderswo wohl nicht zu finden. Davon war mein Vater überzeugt.«

»Hattest du schon jemals mit Pfeilgiften zu tun?« Meranas Frage war an Thomas Brunner gerichtet.

»Nein, das wird jetzt auch für uns ein ganz spezieller Fall.« Er wischte über den Screen. Kleine Speisebrocken waren zu erkennen, stark vergrößert.

»Meine Leute haben schon begonnen, die von Kollegin Trapp gesicherten Reste zu analysieren. Bis dato ist noch nichts herausgekommen. Jetzt wissen wir zumindest, in welche Richtung die Untersuchung zu laufen hat. Wir ziehen besser noch Spezialisten aus der Wissenschaft hinzu. Biologen und andere Experten.«

Er ließ über den Speiseresten den Schriftzug »Batrachotoxin« erscheinen.

Merana trat nach vorn, stellte sich seitlich neben den Monitor. Er wies auf den Fachbegriff.

»Dieses Gift war im Körper unseres Opfers, vermutlich aufgenommen zusammen mit der Nahrung. Wir haben uns allerlei zu fragen. Wie kommt man zu Batrachotoxin? Gibt es dafür bestimmte Labore? Taucht es auch an bestimmten Einrichtungen von Universitäten auf? Wer forscht mit dieser Substanz? Gibt es Unternehmen, die Batrachotoxin lagern? Kann man auch übers Internet an das Gift herankommen? Es gibt viel zu tun.«

Es galt auch, dringend der Frage nachzugehen, wie das Gift in das Essen kam. Passierte das schon vorher oder geschah es erst während der Veranstaltung?

Außerdem mussten alle Teilnehmer an der Party nochmals eingehender vernommen werden. Für eine detaillierte Befragung war in der Nacht zu wenig Zeit gewesen.

Sie legten fest, wer sich um welchen Bereich zu kümmern hatte. Dann war die Sitzung beendet.

Auf dem Rückweg zu seinem Büro klammerte sich vor allem eine Frage in seinem Kopf fest: Wenn die Senderchefin mit ihrer Befürchtung recht hatte, wenn der Giftanschlag tatsächlich ihr gegolten hatte, wer konnte dahinterstecken? Wer hatte ein Interesse daran, Virginia Muhr aus dem Weg zu räumen? War es jemand aus dem beruflichen Umfeld? Es galt in jedem Fall, sich schnell im Bereich des Senders umzuhören. Vorerst würden sie offiziell bei der Version bleiben, dass es der Polizei darum ging, den Anschlag auf den Schauspieler aufzuklären. Sie würden sich darüber bedeckt halten, dass sie in Wahrheit viel eher danach forschten, wer beabsichtigte, die Senderchefin zu töten. So vorzugehen erhöhte vielleicht die Chance, mehr herauszufinden.

Das nächste Meeting war für 17.30 Uhr angesetzt. Dieses Mal waren nicht alle dabei. Manche aus dem Team waren noch mit bestimmten Ermittlungsaufgaben beschäftigt. »Ich war heute am Sender«, begann der Abteilungsinspektor seinen Bericht. »Mein Gespräch mit der Senderchefin verlief etwas zäh. Ich hatte davor bei meinem

Rundgang einiges mitbekommen. Hinter vorgehaltener Hand hatten mir zwei Techniker etwas Interessantes verraten. Sie hätten läuten hören, die Show wäre wohl die letzte Sendung für Alex Bramm gewesen. Virginia Muhr zierte sich zuerst etwas, als ich sie darauf ansprach. Dann bestätigte sie es. Es entspreche der Wahrheit. *The Golden Christmas Tree* war eindeutig der letzte Einsatz für Alex Bramm an ihrem Sender. Sie würde ihn entlassen. Meiner Frage nach dem Warum wich sie aus. Sie wolle keine Einzelheiten preisgeben, sagte sie. Aber Alex Bramm habe in letzter Zeit auch ihr gegenüber ein Verhalten an den Tag gelegt, das sie einfach nicht mehr tolerieren wolle. Aufgrund des schrecklichen Vorfalls habe sich jedoch noch keine Gelegenheit ergeben, Alex über diese Maßnahme zu informieren. Das werde sie umgehend nachholen.«

»Schau, schau, der stets wie ein vergammeltes Honigkuchenpferd vom Bildschirm grinsende Alex hat sich offenbar gehörig danebenbenommen.« Der Kollege vom Brand hob schon die Hand. »'tschuldigung. Meine einzige blöde Bemerkung in dieser Sitzung, ich gelobe es feierlich.« Otmar Braunberger zwinkerte Theo Gellmann zu.

»Wenn schon zwei Techniker zu Ohren gekommen ist, dass der Moderator vor dem Rausschmiss steht, dann könnte das Honigkuchenpferd selbst es womöglich auch mitbekommen haben.«

»Zu klären gilt: Könnte der gute Alex bleiben, wenn es die Senderchefin nicht mehr gibt«, setzte Gellmann fort. »Wenn ja, dann hätte er ein deutliches Motiv, die Frau aus dem Weg zu räumen.«

»Danke, Otmar«, übernahm wieder Merana, »du bleibst dran. Kollege Gellmann kann dich ab sofort dabei unterstützen.« Dann übergab er das Wort an Thomas Brunner.

»Meine Leute waren fleißig. Wir haben schon eine ganze Reihe an möglichen Institutionen durchgefragt.« Er wischte über das Tablet. Auf dem Monitor erschienen neun Namen.

»Die hier angeführten Institutionen stehen mit Batrachotoxin in Verbindung. Die letzten zwei auf dieser Liste haben das Mittel nur gelagert. Andere arbeiten auch damit. In erster Linie für Forschungszwecke. Ihr bekommt die Liste bald in den DEO.« DEO war der Digitale Ermittlungsordner. »Frage: Steht jemand aus dem Personenkreis der After-Show-Party mit einer der hier angeführten Institutionen in Verbindung? Das gilt es rasch zu klären. Meine Leute werden noch weitere Unternehmen und öffentliche Einrichtungen überprüfen. Die Aufstellung wird ständig aktualisiert.«

»Danke, Thomas. Will jemand dazu etwas sagen?«

Theo Gellmann meldete sich. »Kollege Brunner hat mich ja in seine Gruppe mit eingeschlossen. Ich war aufgrund seiner Anweisung an der Recherchearbeit zu den Institutionen eingebunden. Ich kümmerte mich um das Chemielabor *HERMES* in Stuttgart. Es steht auf der Liste an zweiter Stelle. Es handelt sich dabei um eine private Firma. Für bestimmte Projekte erhält

HERMES auch Unterstützung durch die öffentliche Hand. Geleitet wird dieses Unternehmen von Doktor Lorenz Oberthal.«

Etwas in Merana klingelte. Der Name kam ihm irgendwie bekannt vor. »Oberthal?«

»Ja, Herr Kommissar, auch mir kam der Name vertraut vor. Ich überflog die Namensliste der Beteiligten an unserem Fall. Und siehe da, ich stieß auf Damian Oberthal.«

Jetzt wusste auch Merana, woher er den Namen kannte. »Das ist der Bildmeister aus der Fernsehregie.«

»Sehr richtig«, bestätigte Gellmann. »Von Damian Oberthal gibt es eine direkte Verbindung zum Chemielabor *HERMES*, in dem Batrachotoxin für Forschungszwecke gelagert wird. Er ist der Sohn des Firmenchefs, Doktor Lorenz Oberthal. Das muss nichts heißen, was unseren Fall betrifft. Ich werde aber der Verbindung des Bildmeisters zum Chemielabor intensiver nachgehen.«

»Machen Sie das, Kollege Gellmann. Und wie gesagt, in Absprache mit Abteilungsinspektor Braunberger.«

»Der Bildmeister war heute tagsüber nicht am Sender«, übernahm Braunberger. »Sein Dienst beginnt erst am späten Nachmittag. Wir werden nachstoßen, ob sich bei ihm oder in seinem Umfeld ein Motiv ergibt, gegen die eigene Chefin vorzugehen. Auch an Alex Bramm bleiben wir dran. Damit haben wir schon zwei Personen aus der Sendercrew, bei denen sich zumindest gewisse Verdachtsmomente zeigen.« Ein schwacher vibrierender Ton war zu vernehmen. Der Abteilungsinspektor griff in die Tasche, zog sein Handy heraus. »Entschuldige, Martin, es ist wichtig.«

Er verließ den Raum. Keine drei Minuten später war er wieder zurück.

»Das war ein Anruf von Isabella Nordig. Ich hatte sie angewiesen, mehr über Alex Bramm herauszufinden. Es gibt sicher einiges, das nicht in seiner vom Sender veröffentlichten Kurz-Bio steht. Dass Alex Bramm seine Karriere nicht in Europa, sondern in Südamerika bei privaten Radiostationen begann, ist in der Bio noch nachzulesen. Mehr aber nicht. Isabella machte sich daran, Genaueres herauszufinden. Bramm war für eine bestimmte Station fast ein ganzes Jahr im Einsatz. Dieser Radiosender befindet sich in Orellana, wie mir Isabella eben am Telefon sagte. Das ist eine Provinz im Osten von Ecuador.«

»Und genau dort, im Osten von Ecuador«, griff Merana auf, »lebt auch der indigene Stamm, der ein besonders wirksames Pfeilgift verwendet, wie Beate Trapps Vater feststellte.«

Braunberger schaute zum Gruppeninspektor. »Wir machen uns gleich auf den Weg zum Sender, Theo. Wir werden auch Alex Bramm eindringlich auf den Zahn fühlen, egal, ob er von der Senderchefin über seine Entlassung bereits informiert wurde oder nicht.«

»Gut, Otmar. Wenn du den Eindruck gewinnst, der Kerl könnte abhauen, dann setz jemand an, der ihn beschattet«, fügte Merana hinzu. Damit war die Sitzung beendet. Beim Hinausgehen fragte Merana den

Abteilungsinspektor: »Warum war Kollegin Trapp nicht bei der Sitzung?«

»Sie muss noch dringend etwas überprüfen«, entgegnete dieser.

»Was?«

»Genaues wollte Beate mir nicht sagen. Das sei alles noch sehr vage, meinte sie. Erst wenn aus den Schemen etwas Greifbares entsteht, würde sie sich melden.«

»Aus den Schemen entsteht etwas Greifbares …? So drückte sie sich aus?«

»Ja. Genau so.«

»Das klingt ja nahezu lyrisch.«

Der Abteilungsinspektor grinste. »In den Reihen deines Teams findet sich eben eine große Schar poetisch Begabter, die auf ihre Intuition vertrauen und sich anschicken, einfach bestimmten Eingebungen zu folgen. Das solltest du wissen, großer Meister.« Er deutete eine tiefe Verbeugung an, dann eilte er davon, gefolgt von Theo Gellmann. Merana blieb stehen. Er hatte seinen Mitarbeiterinnen und Mitarbeitern tatsächlich von Anfang an nahegelegt, jeder möglichen Spur zu folgen. Und sei sie auf den ersten Blick auch noch so unauffällig. Wie oft hatte schon eine scheinbare Nebensächlichkeit, die sie nicht außer Acht gelassen hatten, sie auf den richtigen Weg zur Lösung gebracht.

*

Sechs Stunden vorher ...

Die Team-Sitzung war kurz vor 10.30 Uhr beendet worden. Kontrollinspektorin Beate Trapp hatte sich schnell von den anderen verabschiedet, war nach unten geeilt. In ihr vibrierte ein mulmiges Gefühl. Etwas wollte raus. Sie kannte das. Etwas in ihr wollte, dass sie sich eindringlicher damit auseinandersetzte. Es war nicht das erste Mal, dass sie das erlebte. Aber wie so oft wusste sie einfach nicht, was das genau war, das beachtet werden wollte. Eines stand für sie fest. Sie musste weg von hier. Sie musste das Gebäude der Bundespolizeidirektion verlassen. Auf der Stelle. Alles in diesem Haus fühlte sich für sie im Augenblick bedrückend an. Aber wo sollte sie hin? Vielleicht in die Innenstadt. Der Gedanke fühlte sich gut an. Befreiend. Sie würde sich in ein Kaffeehaus setzen. Das Auto wollte sie nicht nehmen. Bewegung tat ihr jetzt sicher gut. Sie würde an der Salzach entlanggehen. Vielleicht würde sie am Beginn der Altstadt Halt machen, sich auf den Mozartsteg stellen. Es wäre nicht das erste Mal. Sie liebte die Aussicht von dieser Stelle aus. Sie ließ schnell das Foyer des Gebäudes hinter sich, dann war sie draußen. Rasch die Straße überqueren. Dann weiter zur Salzach. Das Erste, was Beate Trapp auf ihrem Marsch Richtung Innenstadt begegnete, war eine Gruppe von Kindern und Jugendlichen. Sie kamen in auffälliger Aufmachung daher. Einige trugen Lodenumhänge. Zwei führten Laternen mit, andere hatten große Stöcke dabei. Die jungen Leute sahen aus wie eine Gruppe von Anglöcklern, schien es ihr. Beate kannte diesen heimischen Brauch. In der Vorweihnachtszeit, meist an Donnerstagen, zogen Gruppen von Haus zu Haus, klopften an, sangen Lieder. Dieser Brauch sollte an die biblische Herbergsuche von Maria und Josef erinnern. Das passierte meist am Abend, in der Dämmerung, in bestimmten Orten auf dem Land. Aber hier in der Stadt? Und das untertags? Einige der jungen Leute trugen keine Umhänge, wie sie bemerkte. Sie sahen auch anders aus. Das Rätsel war schnell gelöst. Beate erkannte eine der erwachsenen Begleiterinnen. Sie war Dagmar Zill bei einem früheren Fall begegnet. Die Frau war für die Diakonie tätig, kümmerte sich dabei auch um unbegleitete jugendliche Flüchtlinge.

»Ja, wir sind eine Gruppe von Anglöcklern«, erklärte Zill. »Wir stellen eine sehr gemischte Gruppe dar, wie man unschwer erkennt. Wir haben in unserer Diakonie-Jugendgruppe auch vier Jugendliche aus Syrien dabei, zwei Burschen, zwei Mädchen. Sie möchten gerne hier bei uns eine neue Heimat finden. Das sind aufgeweckte junge Leute. Sie wollen lernen und verstehen. Und das in vielen Bereichen. Deshalb nehmen wir sie heute auch zum Anglöckeln mit. Wir sind mit der Diakonie-Gruppe einmal die Woche unterwegs. Und das bei Tageslicht, hier in der Stadt. Wir singen und sammeln dabei Geld für unsere Sozialprojekte. Einige von unseren jungen Leuten finden ihrerseits Gefallen daran, mehr über das Leben und die Bräuche in der

Heimat der Geflüchteten zu erfahren. Deshalb haben einige aus der Gruppe heuer mit den syrischen Jugendlichen *Mevlid Kandili* gefeiert, das Lichterfest zum Geburtstag des Propheten Mohammed. Es war wunderbar, große Freude ringsum. So entsteht ein wertvoller Austausch und ein gutes Miteinander. Dafür ist Weihnachten auch da.« Das sichtlich ältere der beiden syrischen Mädchen kam näher, nahm Beate bei der Hand.

»Jetzt fangen wir zum Singen an«, schallte es mit einem Mal aus dem Mund eines der älteren Burschen, eines einheimischen. »Halleluja«, stimmten alle anderen mit ein. Auch die jungen Leute aus Syrien sangen mit. Beate Trapp war beeindruckt. Sie ließ sich noch zwei Lieder vorsingen. Darunter auch das bekannte Herbergsuche-Lied »Wer klopfet an«. Zum Glück hatte sie genug Geld eingesteckt. So konnte sie den jungen Leuten der Diakoniegruppe eine respektable Spende überreichen. Dann setzte sie ihren Weg fort. Die Begegnung mit den jungen Leuten hatte sie berührt. »Dafür ist Weihnachten da«, hatte die Betreuerin gesagt. Austausch und Miteinander. Sie musste kurz schmunzeln. Von »Austausch« hatte sie Beates Erfahrung nach noch nie gesprochen. Aber der Ausdruck »Miteinander« gehörte zweifellos zu Clarissa Marders bevorzugtem Vokabular. Beate konnte sich zumindest an zwei Folgen erinnern, wo die Betonung von »Miteinander« in Clarissas Erklärung zur Lösung des Falles eine bedeutende Rolle spielte. Polizeiarbeit war in Wahrheit eher unspektakulär. Selbst bei der Kriminalpolizei lief vieles nach eingeführtem Schema ab. Routinearbeit. Nüchterne Vorgangsweise. Vielleicht war Beate deshalb so fasziniert, was den Dramaturgen in der *Clarissa-Marder-Reihe* zu jeder Folge einfiel. Zugegeben, das Dargestellte war meist meilenweit davon entfernt, wie routinierte polizeiliche Ermittlungsarbeit in der Realität ablief. Aber Beate gefiel es. Wie würde Clarissa Marder bei diesem Fall entscheiden, was zu tun war? Das hatte sie sich schon mehrmals gefragt. Noch in der Nacht war ihr dieser Gedanke gekommen. Und das eine oder andere Mal auch heute während der Team-Sitzung. Der Fall, um den sie sich seit vergangener Nacht zu kümmern hatten, war alles andere als alltäglich. Sie war bei ihrer Arbeit in der Kriminalpolizei schon öfter in Aufklärungsvorgänge von Mordfällen involviert gewesen.

Frau erschlägt Ehemann mit Hammer. Wird verdächtigt durch Aussagen aus der Nachbarschaft. Wird überführt durch Fingerabdrücke. Basta.

Mann zwielichtiger Herkunft wird tot aufgefunden. Erschossen in einer dunklen Gasse. Die Spur führt zu Bandenrivalitäten im Drogenmilieu. Aufklärungsarbeit nach bestimmtem Muster. Erfolgreich.

Routinefälle. Vorgehensweise bekannt. Aber bei dem Fall, mit dem sie sich seit gestern Nacht zu beschäftigen hatten, lief gar nichts nach gewohntem Muster ab. Eine fröhliche Runde feiert. Mit dabei sind Fernsehroutiniers, Wirtschaftskapazunder, einfache Leute aus dem Volk, Promis. Und plötzlich fällt jemand um. Tot. Ermordet. Die Mordwaffe erweist sich als ungewöhnlich. Ein äußerst seltenes Gift, das irgendwie in eines der Häppchen vom Buffet gelangte. Aber wie? Und durch wen? Beate beschleunigte ihren Schritt. Am gegenüberliegenden Salzachufer stritten sich zwei Männer. Der größere der beiden stieß den anderen beinahe in den Fluss. Das alles bekam die Kontrollinspektorin gar nicht mit. Ihre Konzentration galt den Unabwägbarkeiten dieses Falls. Wie würde jetzt ihre bewunderte Serienheldin vorgehen? Was wäre ihr nächster Schritt? Eines stand für Beate außer Zweifel: Clarissa Marder würde wie immer einen absurden Weg einschlagen. Sie würde das tun, was keiner erwartete. Fast wäre eine junge Frau mit schwerer Umhängetasche gegen Beates Rücken geknallt, so abrupt war die Kontrollinspektorin plötzlich stehen geblieben. Natürlich! Das Unerwartete. Genau so würde Clarissa Marder vorgehen. Selbstverständlich auch bei diesem Fall. Beate war schlagartig klar, was sie jetzt zu tun hatte. Der Gedanke, der in ihr dazu aufflammte, war hell wie der Stern von Bethlehem.

Wer klopfet an?

Hört unsre Bitten an.

Was wollt denn ihr?

Oh, öffnet uns die Tür.

*

»Danke, dass Sie es einrichten konnten.«

»No problem. Kollege Lukas übernahm gerne meinen Job für die Abend-News.«

Der Bildmeister wies auf einen freien Stuhl in der engen Technikerkabine. »Für die Polizei machen wir doch alles. Zu jeder Schandtat bereit.« Der leicht sarkastische Unterton in der Bemerkung war nicht zu überhören. Für Sarkasmus hatte Gruppeninspektor Gellmann Verständnis. Nicht selten neigte er selbst zu giftig spöttischer Haltung. Auch wenn Damian Oberthals Ausdruck »zu jeder Schandtat bereit« gerade im Fall einer Mordermittlung sehr schnell zu Missverständnissen führen konnte. »Ja, wegen der eben zitierten Schandtat bin ich auch hier.«

Unvermittelt flimmerte so etwas wie Vorsicht in Damian Oberthals Augen auf.

»Sorry, meine Ausdrucksweise gerät hin und wieder ein wenig flapsig. Auch meine Kollegenschaft ermahnt mich oft: Damian, reiß dich am Riemen.«

Damian. Wer hieß schon Damian?, dachte der Gruppeninspektor. Jemand, dessen Eltern das offenbar wollten. In seinem Fall hatten die Eltern weise entschieden. Ihr Sohn sollte Theodor heißen. »Gott« steckte in Theodor und auch »Geschenk«. Päpste und byzantinische Herrscher trugen den Namen Theodor. Darauf konnte man stolz sein. Aber Damian? Das klang irgendwie lächerlich. Er hatte den Namen zuvor noch nie gehört.

»Wie geht es Ihnen mit Ihrer Chefin, Herr Oberthal?«

»Gut. Ich bin jetzt schon sechs Jahre hier, davor war ich bei zwei anderen TV-Stationen. Ich kann nur sagen, Virginia ist eine Chefin, wie man es sich nur wünschen kann.«

»Die ganze Zeit über no problems?«

»Na, die eine oder andere kleine Reiberei kommt schon bisweilen vor, wenn man intensiv zusammenarbeitet. Das wird wohl bei Ihnen in der Polizeiabteilung nicht anders sein, Herr Gruppeninspektor. Warum fragen Sie?«

»Ach, ich frage gerne. Ich bin ein neugieriger Mensch. Ich will immer wissen, wie es den Leuten so geht, mit denen ich zu tun habe.«

»Aha.« Der Bildmeister runzelte die Stirn. Dann sagte er: »Wirklich furchtbar, was gestern passierte.«

»Ja, furchtbar. Andererseits könnte man auch sagen, meisterhaft inszeniert. Perfektes Timing. Immerhin wart ihr mit der Kamera voll drauf, als der gute Drollmann den Löffel abgab. Und weit über 30 Millionen Zuseher waren dabei.«

Der Ausdruck von Wachsamkeit in Oberthals Augen wurde stärker.

»Wie wir alle mitbekamen, geht die Polizei von absichtlicher Vergiftung aus. Wissen Sie schon, welche Art von Gift es war?«

»Sagen Sie es mir.«

Die Entgegnung verdutzte ihn. »Ich verstehe nicht ganz, wie Sie das meinen.«

Gellmann blickte sein Gegenüber an, ließ ihn nicht aus den Augen. Oberthal wurde das zunehmend unangenehm. Das war nicht zu übersehen.

»Übrigens, ich soll Sie herzlich von Ihrem Vater grüßen.«

»Von meinem Vater?« Der Bildmeister schaute ihn verblüfft und zugleich erschrocken an. Er verschränkte ruckartig die Arme.

»Ja. Ich habe gestern lange mit ihm telefoniert.«

»Sie haben mit meinem Vater telefoniert? In welcher Angelegenheit?«

Wieder wartete Gellmann, ehe er weitersprach.

»Wann haben Sie Ihren Vater zum letzten Mal gesehen, Herr Oberthal?«

Der Bildmeister löste umständlich die Verschränkung seiner Arme, lehnte sich zurück. »Das weiß ich nicht mehr. Mein Vater und ich haben nicht das allerbeste Verhältnis zueinander. Deshalb kann ich mir auch schwer vorstellen, dass er gerade Sie Grüße an mich ausrichten ließ.«

Gellmann ging nicht darauf ein. »Was machten Sie am Nachmittag des 11. November?«

Oberthal schüttelte verärgert den Kopf. »Warum wollen Sie das wissen? Ich kapiere nicht, worauf Sie mit Ihrer Fragerei hinauswollen.«

»Wo waren Sie, fragte ich Sie. Ich warte immer noch auf die Antwort.«

Er blies mürrisch Luft aus der Nase. »Da müsste ich zuerst meinen Terminkalender konsultieren. Ich habe wahrlich nicht alle meine Termine im Kopf. Schon gar nicht, wenn sie fast zwei Monate zurückliegen.«

»Dann darf ich, wenn Sie erlauben, Ihrem Gedächtnis auf die Sprünge helfen. Am Dienstag, dem 11. November dieses Jahres, waren Sie nachmittags in Stuttgart und suchten Ihren Vater in der Firma auf, im Chemielabor *HERMES*. Was wollten Sie dort?«

Der Bildmeister starrte ihn entgeistert an.

»Ich weiß ohnehin, warum Sie dort waren«, sprach Gellmann weiter. »Aber ich möchte es aus Ihrem Mund hören.« Sein Gegenüber wurde blass. Das war deutlich zu sehen.

*

Montag, 22. Dezember, 22.30 Uhr

»Vergiss es, Tory. Meine Laune ist katastrophal schlecht. Ich habe seit zwei Tagen nicht geschlafen. Dein blödes Herumgesudere macht meine Stimmung nur noch grimmiger. Entweder, du sagst es mir jetzt. Oder ich sage dir, wie deine nächsten Wochen, Monate, Jahre ausschauen. Wir werden dich überwachen. Und das ständig. Wir werden dich keine Sekunde aus den Augen lassen. Du wirst nicht einmal mehr am Scheißhaus etwas vor dich hin grummeln können, ohne dass wir es wissen. Geschweige denn eines deiner schmierigen Geschäfte abwickeln, von denen dein Vorstrafenregister überquillt.« Die Kontrollinspektorin hatte sich kurz vorher in der Datenbank der Kripo schlaugemacht. »Wir sacken dich ein, noch schneller als du ›Muh‹ sagen kannst.«

Der Typ mit den langen schmierigen Haaren wurde noch bleicher. Wie würde Clarissa Marder vorgehen?

Es hatte einige Zeit gedauert. Doch dann war es für Beate klar. Unerwartetes angehen. Clarissa würde nach dem Frosch suchen. Genau das wollte Beate auch probieren. Sie hatte in den Unterlagen gekramt, die ihr Vater hinterlassen hatte. Professor Balduin Trapp hatte sich über Jahrzehnte ein Netzwerk aufgebaut. Er hatte alle Namen von Personen notiert, die ihm untergekommen waren. Personen, deren Arbeit, deren öffentliches Auftreten in Verbindung stand mit den indigenen Völkern, die auch ihn interessierten. Es ging um Menschen und Ereignisse in den entsprechenden Regionen in der Karibik und in Lateinamerika. Das waren Personen, deren Bestreben weit über laienhaftes Interesse hinausging. Beate hatte sich bei ihrer Sucharbeit zunächst auf Namen konzentriert, die ihr geläufig waren. Manche dieser Experten kannte sie sogar persönlich. Sie hatte einige davon in ihrer Jugend zusammen mit dem Vater besucht. Mit manchen war Beate sogar über längeren Zeitraum in Kontakt geblieben. Beates Bemühen war schnell von Erfolg gekrönt. Schon der zweite Experte, den sie anrief, konnte ihr helfen. Es gebe sogar in Salzburg jemanden, der Pfeilfrösche hielt, erfuhr sie. Mit dieser Person wollte sie beginnen. Sie wollte es einfach probieren. Auf gut Glück. »Der Hecht wird nicht an deine Tür klopfen. Wenn du einen fangen willst, musst du zumindest die Angel auswerfen.« Eine Weisheit, die Beate befolgen wollte. Clarissa Marder hatte sie in der zweiten Folge der vierten Staffel zum Besten gegeben. Ob dieser Thorsten tatsächlich ein Hecht war oder nur eine unbedeutende Elritze, würde sich herausstellen. Sie musste aber zumindest die Angel auswerfen. Also suchte sie seine Wohnung auf. *Wer klopfet an.* Sie läutete Sturm. *Oh, öffnet uns die Tür.* Sie hielt dem ungustiösen Typen ihren Dienstausweis unter die Nase. »Kriminalpolizei. Ich habe mit dir zu reden.« Sie schätzte den Mann auf Ende 20. Mit bürgerlichem Namen hieß er Thorsten Bleck, wie Beate recherchiert hatte. An der Wand hingen einige Zeichnungen, die mit »Tory« signiert waren. Also hatte sie ihn gleich so genannt und ihm erklärt, was sie von ihm wollte. Er versuchte zu bocken, machte auf ahnungslos. Doch sie ließ nicht locker. Sie schubste ihn an. »Entweder du spuckst es jetzt aus, oder du wirst uns nie wieder los.« Er tappte rückwärts weiter in das Zimmer. »Allerdings, wenn ich von dir höre, was ich wissen will, könnte dein Schicksal eine andere Kurve kriegen. Dann könnte sich ergeben, dass wir in nächster Zeit bei dem einen oder anderen krummen Ding, das du drehst, nicht so genau hinschauen. Ich zähle jetzt bis drei. Entweder du machst das Maul auf, oder ich verschwinde. Dann siehst du mich das nächste Mal in einer Verhörzelle der Kripo. Eins, zwei ...«

Er hob schnell die Hände, begann beinahe zu winseln. »Hören Sie auf. Ich gebe es zu.« Sie standen dicht am Terrarium, in dem zwei buntscheckige Frösche zu erkennen waren. »Ja, hin und wieder verkaufe ich auch etwas. Aber ganz selten, und überhaupt sehr wenig.«

Sie klopfte gegen das Glas des Terrariums. Einer der

Frösche erschrak, versuchte, über seinen Mitbewohner zu krabbeln.

»Wie?«

»Kontaktiert werde ich übers Internet. Wenn der Kunde bezahlt, deponiere ich das Päckchen mit dem Gift an einer bestimmten Stelle.«

»Beobachtest du, wer es abholt?«

Erneut riss er die Hände abwehrend in die Höhe. »Nein. Das will ich gar nicht wissen.«

Das konnte stimmen oder nicht.

»Ich will alle Unterlagen über deine Verkaufsvorgänge der letzten drei Jahre. Mich interessiert nur das Gift von den Pfeilfröschen. Was du sonst so treibst, lassen wir dieses Mal außen vor. Ich gehe davon aus, du hast Aufzeichnungen. Ich kann auch deine Wohnung durchsuchen lassen.«

Energisch schüttelte er den Kopf. »Nein, ich habe alles im PC.«

Sie zog einen USB-Stick aus der Tasche.

»Dann kopier es mir. Und zwar sofort.«

Es hatte schon vor einer Stunde aufgehört zu schneien. Als die Kontrollinspektorin den Gebäudeblock verließ, in dem Thorsten Bleck wohnte, blickte sie nach oben. Der Himmel über ihr zeigte sich sternenklar. Sie hoffte, dass auch ihr bald der richtige Stern aufging. Einer wie der von Bethlehem wäre gut. Sie kramte ihr Handy heraus, suchte nach »Rocky«. Sie wählte die Nummer.

*

Dienstag, 23. Dezember, 3.17 Uhr.

Ihr Handy schlug an. »Rocky«, war am Display zu erkennen. Eigentlich hieß er Robert und irgendwas. An den Nachnamen konnte sie sich nicht mehr erinnern. Sie hatte ihn vor drei Jahren kennengelernt. Er stand im Verdacht, sich ins Computersystem einer großen Transportfirma eingehackt zu haben. Was nicht stimmte, wie sich schlussendlich herausstellte. Beate hatte damals Hinweise ermittelt, die ihn entlasteten. Seit damals waren sie in Kontakt geblieben. »Du hast bei mir etwas gut, Beate. Das kannst du jederzeit einlösen.« Jetzt war sie auf dieses Angebot zurückgekommen. Rocky war ein phänomenal begabter Hacker, das hatte sich ihr von Anfang an gezeigt. »Nein«, hatte er geantwortet, als sie ihn damals fragte, ob er auch an Cyber-Security-Challenges teilnehme. »Darauf habe ich wirklich keinen Bock.« Er würde bei den Wettbewerben garantiert bestens aussteigen. Davon war sie bis heute überzeugt.

»Hi, Beate, du meintest, ich könnte auch noch während der Nacht anrufen.«

Sie versuchte, ihr Gähnen zu unterdrücken.

»No problem, Rocky. Wie schaut es aus?«

»Ich habe es zurückverfolgt. Es waren insgesamt fünf Personen.« Sie hatte ihm bei ihrem Anruf erklärt, worum es ging. Dann hatte sie ihm die Daten überspielt, die Thorsten Bleck ihr kopiert hatte.

»Es war eher easy. Ich schicke dir aufs Handy, was ich herausfand.«

»Danke, Rocky, jetzt hast du bei mir was gut.«

»Ist schon okay.« Sie konnte ihn zwar nicht sehen, aber sie war sicher, dass er grinste. »Du kannst mich ja auf einen Tee einladen.« Auch Rocky mochte Assam Tee, wie sie bei einer der ersten Begegnungen festgestellt hatte.

»Abgemacht. Ich komme bald darauf zurück.«

Sie beendete das Gespräch. Gleich darauf hörte sie das Soundsignal. Sie öffnete Rockys Nachricht auf ihrem Handy. Es waren fünf Namen angeführt. Er hatte sogar die Adressen vermerkt und jedem Namen das entsprechende Porträtbild hinzugefügt. »Das darf nicht wahr sein.« Verwirrt starrte sie auf das Handy. Mit allem hatte sie gerechnet, aber nicht damit. Konnte Rocky etwas falsch gemacht haben? Nein. Er war in seinem Metier einer der besten. Was er ihr übermittelte, stimmte garantiert.

*

Dienstag, 23. Dezember, 9.30 Uhr.

Sie schauten sich den Ausschnitt schon zum vierten Mal an. Das Ereignis war eher zufällig aufgenommen worden. Der Kameramann des B-Teams hatte einfach draufgehalten. Das Team war zu dem Zeitpunkt gar nicht auf Sendung gewesen. Doch es galt, zusätzliches Material einzufangen für etwaige Nachberichte. Merana und seine drei Mitarbeiter schauten sich die Szene deswegen mehrmals an, weil das, was sie interessierte, nicht klar zu erkennen war. Das Geschehen spielte sich eher im Hintergrund ab, großteils verdeckt durch die Leute davor. Der Mann mit der Kamera war ziemlich weit weg gestanden. Beate Trapp hatte Merana bereits in der Früh kurz vor 5 Uhr angerufen. Sie hatte von Rocky erzählt und dem Kommissar berichtet, was sie mithilfe des Hackers herausgefunden hatte. Merana hatte sich daraufhin mit der Fernsehstation in Verbindung gesetzt und das gesamte Bildmaterial angefordert.

»Lass es noch einmal laufen, Thomas. Und vergrößere den Ausschnitt noch etwas mehr, wenn das geht.« Neben Tatortgruppenleiter Brunner, Beate Trapp und Merana war auch der Abteilungsinspektor mit dabei. Brunner startete erneut die Aufnahme.

»Es ist bedauerlicherweise schwer auszumachen«, brummte Otmar Braunberger. »Aber es könnte sich tatsächlich so abgespielt haben.«

Merana löste den Blick vom Monitor. »Egal. Wir entscheiden jetzt, es ist so gewesen. Folglich fahren wir hin. Und zwar gleich.«

Merana telefonierte noch mit der Staatsanwältin, dann saßen sie schon im Wagen.

Die ersten Minuten war es still im Auto. Keiner sprach. Sie hingen ihren Gedanken nach. Sie waren alle noch ein wenig konsterniert, welch unvorhergesehene Wendung der Fall genommen hatte. Schließlich war es Otmar Braunberger, der das Schweigen brach.

»Ich war tatsächlich fest davon überzeugt, jetzt haben

wir ihn«, bemerkte er. »Ich sah schon den Herrn Bildmeister das Studio in Handschellen verlassen.« Merana und die anderen verstanden, worauf der Abteilungsinspektor anspielte. Er hatte die anderen schon in der Früh über Gellmanns Anrufe von gestern Abend in Kenntnis gesetzt.

»Es hat mich wirklich erstaunt, was Kollege Gellmann alles herausfand«, hatte er am Morgen seine Ausführung begonnen. »Theo kennt einen Kollegen bei der Stuttgarter Kripo von einer gemeinsamen Fortbildung. Der tat ihm den Gefallen, den Leiter von *HERMES* aufzusuchen. Alles inoffiziell, kein Ansuchen über den Dienstweg für grenzüberschreitende Zusammenarbeit. Der Kollege sollte herausfinden, ob Doktor Oberthal seinen Sohn Damian in letzter Zeit getroffen habe. Das hatte er tatsächlich. Sein Sohn habe ihn am 11. November besucht, gab der Firmenchef an. Gründe für das Treffen nannte er keine. Vater und Sohn Oberthal haben ein gespanntes Verhältnis zueinander, pflegen kaum Kontakt. Das wusste Gellmann. Warum suchte Damian seinen Vater dennoch auf? Den Grund dafür fand Kollege Gellmann erst später heraus. Als er den Bildmeister am Sender aufsuchte, war für Theo eines klar ersichtlich: Der Kerl hatte Angst. Angst wovor? Steckte er womöglich hinter dem Giftanschlag auf die Senderchefin? Doch bald darauf ergab sich für Theo, der Bildmeister fürchtete etwas ganz anderes. Er hatte Angst, dass durch Gellmanns polizeiliches Herumstochern seine Beteiligung an einer äußerst zwielichtigen Unternehmung herauskäme. Oberthal hatte sich von ein paar fragwürdigen Typen einspannen lassen. Für dieses Vorhaben, das großen Gewinn einbringen sollte, musste Oberthal erst mal Geld investieren. Viel Geld. Das war ihm nur möglich mittels Bankkredit. Das windige Geschäft, in das er sich hineintreiben ließ, war äußerst unseriös. Genau genommen ging es um Betrug. Plötzlich platzte das Vorhaben. Alles ging schief. Die investierte Summe war futsch. Deshalb hatte Damian Oberthal seinen Vater aufgesucht. Sein Erscheinen hatte nichts mit einem Wunsch nach Pfeilgift zu tun. Was er brauchte, war Geld. Und das dringend. Die Bank saß ihm im Nacken. Entweder Oberthal zahlte augenblicklich zumindest einen Teil des Kredits zurück, oder das übliche Procedere setzte ein. Exekution, Gerichtsvollzieher und andere Unerfreulichkeiten. Was der lästige Polizist bei seinem Nachforschen herausfinden könnte, versetzte den Bildmeister in Panik. Bei der um ein Haar betrogenen Firma handelte es sich nicht um irgendein Unternehmen. *Heilmann & Co* war einer der Hauptsponsoren des Senders. Wenn Oberthals Mitwirken an dieser Affäre aufflöge, wäre er erledigt.« So hatte Otmar es gleich in der Früh den anderen berichtet. »Was ich dich schon am Morgen fragen wollte, Otmar«, begann die Kontrollinspektorin, als sie von der Autobahn abfuhren, »wie ging diese Angelegenheit für Oberthal schlussendlich aus? Bekam er das Geld von seinem Vater?«

»Das weiß ich nicht. Dazu hat er nichts gesagt. Theo maulte vor allem darüber, dass er sich insgeheim schon sicher gewesen war, ganz knapp vor der Lösung des Falls zu stehen. Der Herr Gruppeninspektor würde vielleicht als Einziger präsentieren können, warum jemand die Senderchefin ermorden wollte. Und dann musste er feststellen, dass er sich geirrt hatte.«

Ja, wir sind alle zu lange in die falsche Richtung marschiert, dachte Merana. Aber jetzt waren sie endlich auf der richtigen Fährte. Der Weg, auf dem er den Wagen nun lenkte, war gesäumt von weihnachtlich geschmückten Häusern. An zwei Balkonen waren Santa-Claus-Puppen auszumachen, die in Kletterpositur an Strickleitern hingen. Fröhliche Weihnacht überall. Wenige Minuten später erreichten sie ihr Ziel. Das stattliche Gebäude stand auf einer Anhöhe mit grandiosem Blick auf den Mondsee. Eine üppig angelegte Terrasse war zu erkennen. Die Äste der großen Tanne im Garten waren schneebedeckt. Sie hatten ihr Kommen nicht angekündigt. Merana war davon ausgegangen, dass sie den Weg nicht umsonst machten. Er sollte recht behalten. Sie drückten die Klingel am Hauseingang. Falls sie überrascht war, als sie die Tür öffnete und sich vier Beamten von der Kriminalpolizei gegenübersah, ließ sie es sich nicht anmerken. »Bitte, kommen Sie herein.«

Sie redeten nicht lange herum. Merana legte ihr vor, was sie hatten. Es war niemals darum gegangen, Senderchefin Virginia Muhr aus dem Weg zu räumen. Nicht einmal versehentlich. Aber es durfte durchaus dieser Eindruck entstehen. Und sie wären alle fast darauf hereingefallen. Es war immer darum gegangen, Caspar

Drollmann zu töten. Und genau das war seiner Frau auch gelungen. Merana wischte über das Display seines Handys. »Was Sie hier sehen, Frau Rubler, ist der richterliche Beschluss. Der berechtigt uns, Ihr Haus zu durchsuchen. Wir werden auch Ihren Computer beschlagnahmen. Falls Sie noch etwas von dem Gift aufbewahren, werden wir auch das sicherstellen. Die Spezialisten des Tatortteams von Kollege Brunner sind schon auf dem Weg.«

Sie sagte nichts. Sie senkte nur den Kopf. Sie bedeckte mit dem Handrücken die Stirn. Genauso macht es Clarissa Marder auch immer, schoss es Beate Trapp durch den Kopf. Und wenn ihre Lieblingsdetektivin dann aufschaute, stand immer ein übermütiges Blitzen in ihren wachen Augen. Die vier warteten, sagten nichts. Es war still im Salon mit dem großen Kamin. Auch Henny Rubler schwieg. Nach einiger Zeit hob die Schauspielerin den Kopf. Beate war enttäuscht. Da war kein Blitzen in den Augen. Vielmehr war ein Ausdruck von Trauer auszumachen. Und noch etwas verrieten diese Augen. Müdigkeit. Tiefe Müdigkeit.

»Ich war seiner überdrüssig.« Die gewohnt wohlklingende Stimme der Schauspielerin war jetzt nur ein Flüstern. Man hatte den Eindruck, Henny Rubler sprach mehr zu sich selbst als zu den Polizisten. Ein wenig ließ die Schauspielerin den Kopf wieder sinken. »Er war mir dermaßen zuwider geworden. Nicht nur, dass er einen Kredit auf das Haus aufnahm, von dem ich nichts wusste. Nicht nur, dass er fast mein gesamtes Geld verspekuliert hatte. Und alles hinter meinem Rücken. Jetzt wollte er auch noch abhauen. Sich einfach davonstehlen. Mit einer 22-Jährigen. Dass die Klatschpresse uns in der Luft zerreißen würde, dass sie uns in allen Medien und im Internet mit Häme überschütten würden, war ihm egal.« Sie blickte auf. »Aber mir nicht!« Jetzt blitzte es doch in ihren Augen. Wut stand ihr im Gesicht. Die letzte Bemerkung hatte sie nicht mehr geflüstert, sondern geschrien. »Nein, mir war es nicht egal. Die Scham, vor der ganzen Welt lächerlich gemacht zu werden, würde sich auf meine Schauspielkunst auswirken. Das Grauen wegen der Schande würde sich nicht lange überspielen lassen. Ich lasse mir mein Leben, meine Karriere nicht besudeln. Schauspielen ist mein Beruf.« Ihr Körper straffte sich jäh. »Also war klar für mich, nicht zermürben lassen! Immer parat sein zu handeln!«

»Genauso sagt es Clarissa«, kam es aus Beate. Erschrocken schlug sie sich mit der Hand auf den Mund. Henny Rubler erhob sich. »Sie sagen es.« Sie spannte ihre Schultern, reckte entschlossen das Kinn nach vorne. »Sie dürfen mich gern nach oben begleiten, junge Frau. Der Herr Kommissar wird es gewiss lieber sehen, wenn ich nicht alleine bin, wenn ich mich umziehe und meine Tasche packe. Ich könnte mich ja andernfalls mit der Vorhangschnur an der Dusche erdrosseln.« Sie drehte sich mit einem Ruck um und stolzierte auf die geschwungene Holztreppe zu. Merana nickte der Kontrollinspektorin zu. Beate folgte der Schauspielerin nach oben. Sie brauchte nicht einmal zehn Minuten. Sie hatte sich umgezogen, Kleidung und Toilettentasche eingepackt. Schweigend war sie über die Treppe wieder nach unten gekommen. Beate Trapp blieb stets in ihrer Nähe. Henny Rubler sagte nichts mehr. Kein Wort. Auch während der Fahrt ins Präsidium schwieg sie. Thomas Brunner war im Haus geblieben. Sein Spezialistenteam traf ein. Sie machten sich daran, das ganze Haus auf den Kopf zu stellen.

Die Fahrt vom Mondsee zurück nach Salzburg hatte nicht lange gedauert. Im Verhörraum angekommen, lehnte Henny Rubler das Angebot ab, ihr Tee oder Kaffee bringen zu lassen. Lediglich ein Glas Wasser ließ sie sich hinstellen. Als Merana die erste Frage stellte, griff sie in ihre Tasche und schob ihm ein Stück Papier hin. Auf der Karte stand der Name eines Rechtsanwaltes. Merana wusste, um wen es sich dabei handelte. Albert Steiner-Hohenthal gehörte zu den prominentesten Vertretern seines Metiers. Merana hielt ihn überhaupt für den besten aller Anwälte in Salzburg. Doch auch Steiner-Hohenthal konnte nicht verhindern, was der zuständige Richter entschied: Henny Rubler war in U-Haft zu nehmen. Thomas Brunner kam gegen 17 Uhr zurück. Da waren Merana, Braunberger und die Kontrollinspektorin noch mit Vernehmungen und Recherchen außerhalb des Präsidiums beschäftigt. Der Tatortgruppenchef meldete sich via Telefon. »Batrachotoxin haben wir bisher keines gefunden. Die Hälfte meines Teams ist noch dort, sucht weiter. Sichergestellt wurde ein Laptop. Der wird bereits gründlich untersucht. Auf dem Gerät wurde in letzter Zeit vieles gelöscht. Es wird vielleicht dauern, aber ich gehe davon aus, unsere Spezialisten können einiges davon wiederherstellen.«

*

Donnerstag, 24. Dezember, 2 Uhr früh.

Sie kam heim, schleppte sich ins Wohnzimmer. Sie konnte sich kaum mehr auf den Beinen halten. Ihr Blick fiel auf den Adventskalender an der Wand. Mist, sie hatte heute doch glatt vergessen, das Türchen zu öffnen. Sie drückte das kleine Fenster mit der *23* auf. Ein putziger Engel kam zum Vorschein. Er hockte auf einem goldenen Schlitten. Die große Pendeluhr an der Wand gegenüber begann zu schlagen. Die Uhr mit der stilvoll alten Holzverkleidung hatte sie von ihrem Vater geerbt. Dessen Großvater, also Beates Urgroßvater, hatte sie selbst gebaut. Zwei helle Glockenschläge waren jetzt zu hören.

»Oh. Schon 2 Uhr morgens. Der Heilige Abend ist längst da.« Sie ließ den Finger über den Adventskalender gleiten, fand schnell das Türchen mit der 24. Sie öffnete es. Otmar Braunberger hatte ihr angeboten, sie nach Hause zu bringen. Aber sie hatte sich entschieden, ein Taxi zu nehmen. Sie war jetzt weit über 50 Stunden wach. Gleich nachdem sie aus Mondsee ins Präsidium zurückgekehrt waren, hatte der Kommissar angeordnet, sie nach Hause zu schicken. »Sie haben wahrlich genug geleistet, Beate. Die Müdigkeit hängt Ihnen wie erloschene Fackeln aus den Augen. Fahren Sie heim.« Nach Hause wollte sie jetzt nicht. Keinesfalls. Sie spürte auch immer noch den Schrecken in sich, der sie um 3 Uhr morgens gepackt hatte, als sie Rockys Nachricht das erste Mal überflog. Auch jetzt noch pochte ein wenig Entsetzen in ihr, wenn sie daran dachte. Fünf Namen zu fünf Gesichtern hatte Rocky ihr übermittelt. Vier sagten ihr nichts. Aber der Anblick der fünften Person war wie ein Stich mitten ins Herz. Es war das Antlitz von Henny Rubler. Wegen dieser großartigen Schauspielerin hatte Beate sich überhaupt erst für den Einsatz bei der Fernsehsendung gemeldet. Und jetzt verwandelte sich ihr großes Idol durch Rockys Recherche in die Hauptverdächtige eines brutalen Verbrechens. »Nein, Herr Kommissar. Ich will keinesfalls jetzt weg von hier. Lassen Sie mich weiter dabei sein. Ich bitte Sie inständig darum.« So hatte sie Merana angebettelt. Der hatte schließlich zugestimmt. Er beließ sie im Team. Ihr Idol wurde dem Haftrichter vorgeführt. Hier mit dabei zu sein, hatte der Kommissar ihr auch ermöglicht. Auch vor dem Richter schwieg die Frau beharrlich. Sie gab auf keine einzige Frage eine Antwort. Wie hatte Henny Rubler es Schritt für Schritt geschafft, ihren Gatten mit Gift zu ermorden? Es war ihnen bewusst, dass die Schauspielerin sich dazu keine Aussage entlocken ließ.

Also mussten sie selbst aktiv werden. »Wir beginnen mit dem Sender«, hatte Merana entschieden. Sie waren hingefahren. Merana, Braunberger und sie. Sie redeten mit den Fernsehleuten. Sie befragten eingehend die beiden Reporterinnen und die Kameraleute, die bei der After-Show-Party anwesend waren. Merana holte noch weitere Kollegen aus dem Ermittlerteam hinzu. Er bestand darauf, nochmals ausführlich mit den Gästen zu sprechen, mit denen Drollmann sich vor seinem Tod unterhalten hatte. Mit der Juniorenweltmeisterin, mit Noah Vättis, mit dem Mann von der Sponsorenfirma und mit der Senderchefin. Sie versuchten auch, möglichst viele Teilnehmer der After-Show-Party zu erreichen. Vor allem Personen, die sich gut erinnern konnten, wer sich wann am Buffet aufgehalten hatte. Die sich entsannen, was man dort und in der näheren Umgebung mitbekommen hatte. So waren es schließlich an die 30 Personen, mit denen das gesamte Ermittlerteam in Kontakt kam. Die größte Hilfe für die Rekonstruktion des vermutlichen Ablaufs kam von der Senderchefin. Merana, Braunberger und Beate schafften es bis zum späten Abend, einen zumindest dürftigen Hergang des Vorgefallenen zu skizzieren. »Ja, das gelang uns«, zwitscherte Beate und gähnte laut. Sie streckte den Daumen aus, hielt ihn triumphierend dem kleinen Engel hinter dem geöffneten Türchen entgegen. »Wir waren klasse unterwegs.« Sie stemmte sich vom Sofa hoch, schlich in die Küche. Auch wenn sie Tee bevorzugte, hatte sie ihren alten Kaffeeautomaten dennoch behalten. Sie kramte in der Schublade, fand zwei verbeulte Kapseln. Damit konnte sie sich einen doppelten Espresso zubereiten. Sie hoffte, das starke Getränk würde sie noch ein wenig wachhalten. Sie wollte sich unbedingt noch einmal ins Gedächtnis holen, was der Kommissar, der Abteilungsinspektor und sie an Rekonstruktion zusammengebracht hatten. Was Merana bei dieser Darlegung notierte, hatten die anderen beiden auf dem großen Monitor mitlesen können. Wie hatte der Kommissar begonnen? Ach ja. So.

Henny Rubler will ihren Mann töten. Vermutlich schon seit Langem.

Sie wartet die passende Gelegenheit ab.

Zwei Wochen vor der Show. Teilnahme an der Ablauf-Besprechung.

Sie erfährt: Es gibt eine After-Show-Party.

Geboten wird Buffet mit Weihnachtsspezialitäten.

Henny Rubler fasst den Entschluss.

Sie waren sich alle drei einig gewesen, dass die Schauspielerin bei ihrem Vorhaben äußert präzise vorgegangen war. Henny Rubler hatte alles bis ins allerkleinste Detail geplant. Dazu verließ sie sich auf ihr Talent, in jeder unerwarteten Situation genial improvisieren zu können. Es galt, sich das Gift zu verschaffen. Sie fand heraus, dass sie es problemlos direkt in Salzburg erhalten konnte. Sie eignete es sich durch Tory Bleck an. Dann besorgte sie sich Lebkuchen. Dass es kleine Lebkuchen in Sternform waren, die sich letztlich auf den Tellern fanden, hatten sie von der Senderchefin erfahren. Sie hatten auch bei der Cateringfirma nachgefragt. Lebkuchen in Sternform hatte es beim Buffet nicht gegeben. Rublers Vorgehensweise war raffiniert durchdacht. Die Schauspielerin trug bei der Show ein Kleid mit zwei Taschen. In einer Tasche steckte das vergiftete Stück. In der anderen lagen zwei unbehandelte Lebkuchen. Merana, Braunberger und sie hatten es gründlich durchdiskutiert. Es könnte natürlich auch anders gewesen sein. Aber die drei waren sich ziemlich sicher, dass Rubler die Lebkuchenstücke auf zwei Taschen aufteilte. So war es sicher, sie auseinanderzuhalten. Eines mit Gift. Die zwei anderen ohne Gift. »Schatz, komm, wir holen uns etwas Leckeres vom Buffet. Und Ihnen bringen wir gerne etwas mit, Frau Muhr.« Dass die Schauspielerin es genau so formuliert hatte, daran hatte die Senderchefin sich bestens erinnert. Sie hatte sich gerade intensiv mit dem Sponsorenvertreter und dem Teilnehmer aus der Schweiz unterhalten. Deshalb war sie froh, sich nicht selbst ans Buffet begeben zu müssen. Beate griff zur Kaffeetasse. Ja, der Espresso war ihr herrlich stark gelungen. Wie hatte Merana es genau notiert?

Eintreffen am Buffet. Rubler schickt Ehemann weg.

Rubler nimmt Lebkuchensterne aus den Taschen des Kleides.

Dass die Schauspielerin ihren Gatten ans andere Ende des Buffets geschickt hatte, hatten sie bei den Befragungen am Nachmittag von Regula Rossi erfahren. »Schatz, hol uns doch drei Bûche de Noël. Die sind da drüben.« Regula Rossi konnte sich genau daran erinnern. Sie selbst war in diesem Moment ebenfalls am Buffet. Als sie Rublers Aufforderung vernahm, war sie Drollmann gefolgt. Sie liebte die französischen Biskuitrollen mit Schokoladenbuttercreme, wollte sich auch welche holen. Es war für die drei Ermittler klar gewesen, dass Rubler ihren Mann wenigstens für einen kurzen Moment wegschicken musste. Schließlich musste sie unbemerkt die Sterne aus den Taschen des Kleides nehmen. Sie konnte nicht riskieren, dass ihr Mann etwas mitbekam. Er durfte nicht bemerken, dass die Lebkuchenstücke, die später auf den Tellern lagen, gar nicht vom Buffet stammten, sondern aus den Kleidtaschen seiner Frau. Vermutlich hatte Henny Rubler ihm dann vorgeschlagen, die Köstlichkeiten vom Buffet sternförmig anzuordnen. Mit jeweils einem Lebkuchenstück in der Mitte. Alle drei Teller waren ziemlich ähnlich belegt, wie die Senderchefin ihnen heute bestätigt hatte. Dann waren sie zurückgekehrt. Henny Rubler hatte zwei Teller mitgeführt.

»Das war ein völlig unglückliches Missgeschick, Herr Kommissar.« So hatte die Senderchefin es schon vorgestern bei Meranas erster Befragung ausgedrückt. Heute hatte sie ihnen den Vorfall noch präziser geschildert. »Als die beiden zurückkamen, unterhielt ich mich gerade mit dem Sponsorenvertreter. Henny Rubler überreichte mir einen Teller. Ich drehte mich gleich wieder zu Ottokar Benedikt, um das Gespräch weiterzuführen. Plötzlich spürte ich einen Stoß. Drollmann war irgendwie unachtsam gegen mich gestolpert. Ich konnte meinen Teller gerade noch festhalten. Aber zwei Stücke, die am Tellerrand lagen, fielen zu Boden. Henny Rubler versuchte, mich zu stützen, nahm mir dabei den Teller aus der Hand. ›Darf ich Ihnen helfen‹, sagte sie. Dann hielt sie den Teller demonstrativ ihrem Mann hin. ›Schau, was du angerichtet hast, Schatz. Alles ist auf Virginias Teller durcheinandergeraten. Zwei Stücke sind sogar heruntergefallen.‹ Darauf sagte er: ›Darf ich Ihnen meinen Teller anbieten?‹ Ich nahm das Angebot gerne an. Er nahm schließlich meinen Teller und begann davon zu essen.«

Sie hatten beim Erstellen des vermutlichen Ablaufs auch überlegt, was passiert wäre, wenn Drollmann der Senderchefin nicht von sich aus seinen Teller angeboten hätte. Dann hätte seine Frau ihn vermutlich dazu aufgefordert. Der Lebkuchenstern war von Anfang an auf dem Teller platziert, den Rubler Virginia Muhr übergab.

Merana, Braunberger und Beate hatten sich in der Früh mit Thomas Brunner die Szene mehrfach angesehen. Hatte Henny Rubler nachgeholfen, damit ihr Mann gegen den Arm der Senderchefin stieß? Es war auf der Aufnahme nicht klar auszumachen. Wie kam das Gift überhaupt auf einen der Teller? War das entsprechende Stück schon vorher damit versehen oder wurde es erst später kontaminiert? Das hatte sich Merana von Anfang an gefragt. Er hatte Henny Rubler auch bei der ersten Befragung darauf angesprochen. »Sind Sie vom Buffet direkt zur Gruppe zurückgekehrt?«, hatte er gefragt. »Nein, Herr Kommissar«, hatte Rubler geantwortet. »Zwischendurch stellte ich die Teller auf einem der Stehtische am Bühnenrand ab. Mein Mann wollte mich nah an die Arkadenbögen führen. Er wollte mir unbedingt die Stelle zeigen, wo der Trommler aufgetaucht war.

Er hatte sich vor Jahren eine Inszenierung von *Mutter Courage* in der Felsenreitschule angeschaut. Seiner Meinung nach war sie großartig gelungen.« Ob das tatsächlich so passierte, war für die Ermittler im Nachhinein unerheblich. Rubler hatte jedenfalls mit dieser Schilderung eine für sie günstige Situation geschaffen. Denn so könnte jemand unbemerkt das Essen auf den abgestellten Tellern manipuliert haben.

»Warum hat sie ihren Mann nicht einfach über die Kellerstiege gestoßen?«, hatte der Abteilungsinspektor genörgelt. »Oder ihm eine mit der Bratpfanne über den Schädel gezogen, die Terrassentür von außen eingeschlagen und vorgetäuscht, ein Einbrecher wäre im Haus gewesen. Warum hat sie es dermaßen kompliziert angelegt?«

»Weil sie Clarissa Marder ist«, hatte Beate erwidert. »Je ungewöhnlicher, desto faszinierender. Und Clarissa weiß in jeder Situation stets den passenden Ausweg.«

»Und es hätte ja fast geklappt«, hatte Merana hinzugefügt. »Aber unsere tüchtige Frau Kontrollinspektorin, ebenfalls durch Clarissa Marder geschult, war wachsam.«

Der Espresso war längst ausgetrunken. Ein wenig hatte er geholfen, aber jetzt war Schluss. Beate konnte kaum noch die Augen offenhalten. Ins Schlafzimmer wanken?

Nein, besser sich einfach hier aufs Sofa legen. Bevor sie einschlief, kam ihr noch in den Sinn, wie sie sich spätnachts voneinander verabschiedet hatten. »Jetzt kannst morgen in den Pinzgau fahren und den Heiligen Abend mit der Großmutter verbringen«, hatte Braunberger zum Kommissar gesagt. Und der hatte geantwortet. »Ja, Otmar, genau das werde ich machen.«

Das Schlagen der alten Pendeluhr bekam sie gar nicht mehr mit. Sie glitt sacht in einen langen, tiefen Schlaf.

2 SANTA CLAUSA

Kriminalpolizei Vernehmungsraum 1a
Polizeioberkommissarin Thea Knoll

- Name?

  - Hä? Was soll das? Sie wissen doch ganz genau, wie ich heiße.

  - Dies ist eine kriminalpolizeiliche Vernehmung gemäß Paragraf 136 Strafprozessordnung. Also Vorname, Nachname.

  - Ja, Herrschaftszeiten noch einmal! Was wollen Sie von mir? Ich bin völlig unschuldig. Das habe ich auch schon den anderen gesagt. Und zwar mehrmals. Jetzt tauchen Sie auf und beginnen wieder mit der Fragerei. Ich glaube, ihr seid hier alle komplett plemplem.

  - Beleidigung von Amtsträgern, StPO Paragraf 185. Das kommt also auch noch hinzu.

  - He, stopp! Moment, bremsen Sie sich ein. Ich ... äh ... beleidige hier doch niemanden. Aber diese andauernde Fragerei kann einem schon auf die Nerven gehen. Ich habe nichts getan. Wie oft soll ich das noch sagen, bis mir endlich wer glaubt. Hören Sie auf mit Ihren Paragrafen und reden Sie mit mir vernünftig.

  - ...

  - Bitte!

- Also gut. Üben wir ausnahmsweise Nachsehen. Wir beginnen nochmals von vorne. Name?

- Draller.

- Vorname?

- Severin.

- Alter?

- Auch das wissen Sie schon … äh, gut, ich sage es schon. 52, im Februar werde ich 53.

- Adresse?

- Buchenweg 17.

- Herr Severin Draller, Sie stehen unter dringendem Verdacht, vorgestern, am 17. Dezember, Frau Sabine Grötze, Gartenstraße 11, ermordet zu haben.

- Herrgott, ich war das nicht!!! Ich kenne diese Frau überhaupt nicht!

- Herr Draller, ich weise Sie darauf hin, dass es auch in Ihrem Sinne von Vorteil wäre, wenn Sie der Polizei gegenüber bei dieser Vernehmung keine unwahren Aussagen tätigen. Korrekt ist vielmehr, dass Ihnen Frau Sabine Grötze durchaus bekannt war.

- Bekannt. Ja, irgendwie schon. Aber was heißt das schon. Ich weiß, dass es diese Furie … äh … diese Frau gibt … also gab. Damit hat es sich.

- Wann sind Sie Frau Grötze das erste Mal begegnet?

- Am 6. Dezember, also vor nicht einmal zwei Wochen.

- Wo sind Sie Frau Grötze begegnet?

- Im *Mercuriopark*.

- Bei welcher Gelegenheit trafen Sie Frau Grötze im Einkaufscenter *Mercuriopark*?

- Na, da sind doch all diese Verrückten aufmarschiert. Und sie war auch dabei, diese Durchgeknallte.

- Wer ist aufmarschiert?

- Na, die mit ihren Transparenten. »Macho go home!«, »Politisch korrekt. Das schmeckt!« und was da sonst noch an blöden Sprüchen draufstand.

- Wie viele Personen waren das?

- An die 30 Leute. Sogar Kinder haben die mitgeschleppt. Die Kids mussten auch irgendwelche Transparentfetzen hochhalten. Und alle miteinander haben gebrüllt: »Aus mit Santa Claus! Aus mit Santa Claus!« Sie hat die alle aufgestachelt. Mit ihren blöden Zeitungsartikeln.

- Sie sprechen von Frau Sabine Grötze.

- Ja, die steckt hinter diesem Unsinn ... also steckte.

- Vor dem 6. Dezember war Ihnen Frau Grötze nicht bekannt, auch nicht namentlich?

- Namentlich ... ja, irgendwie schon. Zwei von den Kollegen erwähnten mal, sie hätten in der Zeitung gelesen, der Weihnachtsmann soll abgeschafft werden.

- Wie haben Sie darauf reagiert?

- So ein Quatsch, habe ich gesagt.

- Und was haben Sie unternommen?

- Gar nichts. Ich habe mich um dieses Geschwätz nicht gekümmert. Die Zeitungsartikel von dieser Chaotin interessierten mich nicht. Und dann taucht die wild gewordene Horde plötzlich bei uns im Einkaufsmarkt auf und brüllt in einem fort: »Aus mit Santa Claus! Aus mit Santa Claus!« Die Grötze war auch dabei. Sie hat die Verrückten angefeuert. Ich sage Ihnen etwas, Frau Kommissarin. Seit zehn Jahren bin ich als Santa Claus im Einsatz. Weihnachtszeit für Weihnachtszeit. Da habe ich schon einiges erlebt. Aber so etwas noch nie.

*

Kriminalpolizei Vernehmungsraum 1b
Polizeihauptmeister Gustav Rohmann

- Bitte nehmen Sie Platz. Dürfen wir Ihnen etwas anbieten? Einen Kaffee, einen Bio-Fruchtsaft, Mineralwasser?

- Danke, sehr freundlich, aber ich brauche nichts.

- Karim Melling, *Photography Splendid*, Studio in der Sonnbergallee Nummer 8. Ich habe Ihre Daten hier. Es geht im Augenblick nur darum zu überprüfen, ob alles korrekt ist.

- Ja, alles richtig. Darf ich Sie fragen, warum ich hier bin? Ich habe der Vorladung nicht entnehmen können, worum es ganz genau geht.

- Sie kannten Frau Sabine Grötze, Leiterin der Redaktion »Leben heute« vom *Gloria Wochenmagazin*?

- Ja, ich habe viel mit ihr zusammengearbeitet. Ach, darum geht es. Ich verstehe. Schreckliche Sache. Einfach furchtbar, was da passiert ist. Die arme Sabine. Weiß die Polizei schon mehr dazu? Oder dürfen Sie dazu nichts sagen?

- Sind Sie öfter für das *Gloria Wochenmagazin* tätig?

- Ja, immer wieder. Auch für andere Zeitschriften. Soweit ich es mit dem mega Aufwand in meinem Studio vereinbaren kann.

- Sie waren kürzlich auch zusammen mit Frau Grötze im *Mercuriopark* Einkaufscenter?

- Ja, das war Anfang Dezember. Das Magazin engagierte mich für ein Reportage-Shooting.

- Worum ging es dabei?

- Verrückte Sache. Sabine war mit einer Gruppe von Leuten unterwegs. Die demonstrieren gegen Weihnachtsmänner. Also denen geht es darum, Santa Claus zu vertreiben.

- Auf welche Weise geschah das?

- Die schwenkten Transparente, brüllten Parolen.

- Kam es zu Handgreiflichkeiten?

- Nein, nicht im direkten Sinn. Obwohl ich einräumen muss, der Santa-Claus-Typ im *Mercuriopark* ließ sich nichts gefallen. Er wurde fuchsteufelswild. Viel hat nicht gefehlt und der gute Mann hätte mit seinem schweren Geschenkesack zugedroschen. Zum Glück tauchte rechtzeitig der Centermanager mit zwei Securityleuten auf, um die Sache einigermaßen zu beruhigen.

- Verantwortlich für den Aufmarsch der Demonstranten war Frau Grötze?

- Ja, deswegen waren wir auch dort. Darum ging es in der geplanten Reportage. Es war eine typische Performance, wie man sie von Sabine auch in anderen Situationen kennt ... sorry, kannte, muss es jetzt wohl heißen.

- In welchen Bereichen offenbarte sich generell Frau Grötzes Engagement?

- Pah, das war ziemlich breit gestreut. Das reichte von Klimakrise bis Impf-Wahnsinn, von Political Correctness bis korrekte Gartengestaltung. Sie startete sogar einmal eine Kampagne gegen Gartenzwerge. Diese kitschigen Zwerge seien gegen den modernen Zeitgeist, außerdem politisch inkorrekt und höchst machoid.

- Machoid?

- Ja, das Genderthema stand bei allen Inhalten für Sabine im Zentrum. Ihre Sicht dazu sei die einzig richtige, davon war sie felsenfest überzeugt. Genau diese Ansicht galt es zu verbreiten. Die hatte ein jeder zu übernehmen, in allen Details. Das gereiche der Menschheit nur zum Vorteil. Wer das nicht so sah und in seinem eigenen Handeln berücksichtigte, gegen den ging die gute Sabine unerbittlich vor.

*

Kriminalpolizei Vernehmungsraum 1C
Polizeimeisteranwärterin Hermine Stolz

- Schön, dass Sie es doch noch einrichten konnten. Vielen Dank. Ich kann mir vorstellen, dass Ihr Terminkalender überquillt bei all der vielen verantwortungsvollen Tätigkeit, der Sie in Ihrer wichtigen Position nachzugehen haben.

- Ja, ich musste einen Termin verschieben, einen weiteren gar canceln. Aber jetzt bin ich hier. Auch wenn mir unklar ist, wozu mich die Polizei nochmals braucht.

- Nur damit ich es korrekt im Protokoll vermerke … Ihr Name ist Felicia Kunigunde Semara. Adresse: Goetheplatz 9. Sie arbeiten beim *Gloria Wochenmagazin* in der Wirtschaftsredaktion.

- Ja, ich bin die Leiterin der Redaktion.

- Oh, pardon, das steht hier gar nicht. Ich werde vermerken, dass Sie in leitender Funktion tätig sind.

- Meiner Ansicht nach habe ich alles Notwendige bereits gesagt. Also, was möchten Sie noch von mir?

- Ich habe von meinem Vorgesetzten den Auftrag erhalten, mit Ihnen nochmals alles durchzugehen.

- Alles??? Wozu?

- Es tut mir leid, Frau Semara. Dazu kann ich Ihnen leider keine Angaben machen. Eine Begründung beinhaltet der Auftrag meiner Vorgesetzten an mich nicht. Ich habe lediglich die Anweisung, die Zeugenbefragung mit Frau Felicia Kunigunde Semara auf diese Weise durchzuführen.

- Also gut, soll der Amtsschimmel halt wiehern, wenn es ihm gefällt. Aber ich ersuche Sie, dass wir die Befragung möglichst rasch hinter uns bringen. Es reicht, dass ich bereits einen Termin canceln musste. Einen weiteren will ich keinesfalls ausfallen lassen.

- Das verstehe ich gut, Frau Semara. Ich werde mich beeilen, darauf können Sie sich verlassen. Erlauben Sie mir, dass ich mir zuvor noch rasch einen Schluck von meinem Thymiansaft genehmige. Thymian ist gut für die Stimme. Das wusste schon meine Großmutter. Auch meine Mutter schwört auf Thymian. Möchten Sie vielleicht nicht doch auch einen Saft? Wir haben auch Ananas oder Holunder.

- Nein, ich brauche nichts. Das sagte ich schon. Also trinken Sie, und dann fangen wir endlich an.

- Vielen Dank. Sie sind sehr verständnisvoll und äußerst kooperativ. *(trinkt vom Saft)*

– Also, ich beginne jetzt zu fragen. Sie haben am Sonntag, dem 17. Dezember, in der Gartenstraße 11 die Leiche von Frau Sabine Grötze entdeckt. Das war kurz nach Mittag, wie Sie laut Protokoll, das mir vorliegt, angaben. Können Sie sich inzwischen an die exakte Uhrzeit erinnern? Vielleicht sogar auf die Minute genau?

- Auf die Minute genau? *(wird laut)* Was soll das heißen? Ich verstehe auch nicht, warum das so wichtig ist.

- Polizeioberkommissar Pendelmann, einer meiner Lehrer in der Ausbildung bei der Bundespolizeiakademie, betonte immer, es sei bei der Ermittlung von Aussagen fundamental bedeutend für die spätere Rekonstruktion des Falles, den Zeugen respektive die Zeugin dazu zu bringen, bei jedem Ereignis die möglichst exakte Uhrzeit anzugeben.

- Meine Güte. Ich sagte es bereits. Sabine und ich waren um 12 Uhr verabredet. Ich war garantiert schon ein paar Minuten vor 12 Uhr an Sabines Haus. Lieber zu früh als zu spät. Das ist mein Prinzip. Ich hasse an Leuten nichts so sehr wie Verspätungen. Also bin ich immer überpünktlich. Ich läutete an der Haustür. Und das mehrere Male. Da sie nicht öffnete, versuchte ich es am Handy. Aber auch da meldete sie sich nicht. Also drückte ich die Klinke der Haustür. Sie war nicht versperrt. Die Tür ließ sich öffnen.

- Warum gingen Sie dann hinein? Waren Sie mit Sabine Grötze so vertraut, dass Sie einfach das Haus betreten konnten?

- Wir waren Arbeitskolleginnen. Und ich war ja nicht das erste Mal zu einer Besprechung bei Sabine. Sie war auch schon bei mir in meiner Wohnung.

- Bitte schildern Sie Ihren Weg ab der sich öffnen lassenden Haustür unter Einbeziehung der exakten Angabe dessen, was Sie taten.

- Ich durchschritt das Vorzimmer, rief mehrmals ihren Namen. Ich warf einen Blick in die Küche. Da war sie nicht. Ich betrat das Wohnzimmer. Da lag sie, hingestreckt auf dem Teppich. Ich stürzte sofort zu ihr. Doch da war nichts mehr zu machen, wie ich schnell erkannte. Also rief ich die Polizei.

- Was war es denn, worüber Sie mit Frau Sabine Grötze am Sonntag, dem 17. Dezember, zur Mittagszeit reden wollten?

*

Kriminalpolizei Vernehmungsraum 1a
Polizeioberkommissarin Thea Knoll

- Laut Ihrer Aussage trafen Sie erstmals mit Sabine Grötze am 6. Dezember zusammen. Das geschah im

Mercuriopark. Sie waren dort als Santa Claus im Auftrag der Agentur *Happy Megajob* tätig.

- Ja, den Jimmy, den kenne ich schon lange. Er ist der Chef von der Agentur. Ein patenter Kerl. Vor zehn Jahren hat er mir den Job angeboten, in der Weihnachtszeit als Santa Claus aufzutreten. Gleich im ersten Jahr kam ich auf fast 40 Einsätze. Und alle gut bezahlt. In Einkaufscentern, auf der Straße, bei Kinderfesten. Sogar bei zwei Benefizabenden war ich dabei. Und einmal war ich sogar im Fernsehen.

- Was ist Ihr erlernter Beruf?

- Schindelmacher. Aber ausgeübt habe ich den so gut wie nie. Ich bin Einzelkind. Meine Eltern hatten ein Gasthaus. Da musste ich von klein auf mitarbeiten. Das war eine Plagerei, sage ich Ihnen. Jedes Wochenende, wenn andere Kinder freihatten und in den Badesee hüpften, habe ich in der Wirtsstube und im Biergarten geschuftet. Ich musste die Stammgäste und hordenweise Ausflügler bedienen. Für die Schule blieb da wenig Zeit. Einen Beruf sollte ich schon erlernen, meinte die Mutter. Wenigstens so nebenbei. Weil der Opa schon Schindelmacher war, bin ich es halt auch geworden. Aber gerackert hab ich fast ausschließlich im Gasthaus. Bis ich 40 war. Dann war Sense. Gasthaussterben auf dem Land, Sie haben sicher schon davon gehört. Meine Eltern mussten auch zusperren. Ab da habe ich mich mit Gelegenheitsjobs durchgeschlagen. Im Sommer kann ich immer bei der Gemeinde aushelfen, im Bauhof, in der Gärtnerei. Aushilfsbademeister war ich auch schon. Was glauben Sie, wie super es dann war, im Winter, in der Weihnachtszeit, auch als Santa Claus Geld zu verdienen. Und das will man uns jetzt wegnehmen, mir und den anderen Kumpels. Eine bodenlose Frechheit ist das.

- Diese Aussicht machte Sie wütend?

- Ja, was glauben Sie denn? Es soll keinen Santa Claus mehr geben, verlangen diese Wahnsinnigen. Und was ist mit den Kindern?, frage ich. Wissen Sie, wie wunderbar es sich anfühlt, in den großen Sack zu greifen, ein Geschenk herauszuholen und dabei in strahlende Kinderaugen zu schauen? Die Kleinen haben eine Riesenfreude. Wer von den Aus-mit-Santa-Claus-Schreiern denkt an die Kids? Keiner! Wissen Sie, was ich gelesen habe? *Pippi Langstrumpf* soll es bald auch nicht mehr geben. Auch *Das Dschungelbuch* und die *Fünf Freunde* sollen verboten werden. Sogar der *Winnetou* ist nicht mehr zumutbar, heißt es. Und jetzt wollen sie den Kids auch noch den Santa Claus stehlen. Nie und nimmer!, sage ich. Nie und nimmer!

*

Gartenstraße 12
Polizeiobermeister August Müller

- Guten Tag, Frau Schulze. Ich bin Polizeiobermeister Müller. Wir haben miteinander telefoniert.

- Guten Tag, Herr Polizeiobermeister. Bitte kommen Sie herein.

- Vielen Dank. Oh, Sie haben ja einen sehr schönen Teppich bereits hier im Flur. Soll ich die Schuhe ausziehen?

- Ja, das wäre gut, Herr Polizeiobermeister, wenn es Ihnen nichts ausmacht.

- Nein, absolut nicht. Ich verstehe das gut. Bei meiner Mutter muss ich auch immer die Schuhe schon im Flur ausziehen.

- Bitte kommen Sie ins Wohnzimmer.

- Danke, Frau Schulze.

- Nehmen Sie Platz am Tisch. Möchten Sie einen Kaffee? Oder einen Tee? Ein Bier hätte ich auch. Aber ich weiß nicht, ob Sie im Dienst Alkohol trinken dürfen.

- Nein, das ginge auf gar keinen Fall. Das ist sehr freundlich, dass Sie mir etwas anbieten. Danke. Einen Schluck Wasser nehme ich gerne.

- Die Karaffe habe ich eben frisch gefüllt. Bitte nehmen Sie eines der Gläser.

- Danke. (*Müller schenkt sich ein, trinkt*) Oh, das schmeckt sehr erfrischend.

- Ja, wir haben hier sehr gutes Wasser, kaum kalkhaltig.

- Es ist gut, dass ich Sie doch noch erreicht habe, Frau Schulze.

- Ja, ich war ein paar Tage bei meiner Schwester zu Besuch. Das machen wir immer in der Vorweihnachtszeit. Wir backen dann gemeinsam Weihnachtsplätzchen. Also Weihnachts*kekse* sagt sie mittlerweile. Sie ist seit 20 Jahren mit einem Österreicher verheiratet. Mein Schwager kommt aus Wien. Ich gebe Ihnen hernach gerne ein paar Kekse mit, wenn Sie wollen.

- Das ist sehr aufmerksam von Ihnen, Frau Schulze. Wie Sie mir am Telefon sagten, sind Sie am Sonntag, dem 17. Dezember, schon in der Früh zu Ihrer Schwester gefahren.

- Ja, das stimmt. Ich verließ das Haus schon kurz nach 7 Uhr.

- Sie bekamen also gar nicht mit, was im Nachbarhaus passierte?

- Nein. Davon las ich erst gestern in der Zeitung. Erschlagen mit einer Buddhastatue. Mein Gott, wie furchtbar! Die arme Frau Grötze.

- Frau Grötze und Sie kannten sich gut?

- Allzu gut nicht. Wie man sich halt so kennt als Nachbarinnen. Gelegentlich ein Schwätzchen übers Wetter. Sie war ja auch wenig daheim, die Frau Grötze. Wie sie mir einmal erzählte, bekleidete sie einen wichtigen Posten bei einer Wochenzeitung.

- Wir bei der Polizei versuchen, ein detailliertes Bild von Frau Grötze zu bekommen. Können Sie mir also sonst etwas über Ihre Nachbarin erzählen?

- Ich fürchte, da kann ich Ihnen leider nicht viel weiterhelfen, Herr Polizeiobermeister. Koriander mochte sie besonders, das weiß ich. Das hat sie mir einmal verraten. Deshalb pflanzte sie ihn auch in ihrem Garten an. Aber ich weiß nicht, ob das für Ihre Untersuchungen hilfreich ist. (*denkt angestrengt nach*)

Ach ja, sie kaufte sich dieses Jahr im Sommer ein Rad mit so einem modernen ... wie nennt man das?

- Sie meinen ein E-Bike?

- Ja, genau. So heißt das. Ein E-Bike.

- Sie lieben wohl auch Kräuter, Frau Schulze, wie ich vorhin feststellte, als ich durch den Garten zum Haus kam. Sie haben ein sehr schönes Hochbeet.

- Ja, gerade die Kräuter sind meine Pflanzenkinder, wie ich immer sage. Mediterrane Kräuter liebe ich besonders. Oregano und Basilikum.

- Hübsch sind auch Ihre Gartenzwerge. Meine Mutter hat auch welche in ihrem Garten. Doch die sind schon älter und ziemlich abgeplatzt. Ihre Zwerge sind besser erhalten. Sind die neu?

- Ja, die habe ich mir vor zwei Monaten besorgt. Möchten Sie vielleicht einen Kräutertee, Herr Polizeiobermeister? Die getrockneten Kräuter sind natürlich aus meinem Garten. Sie bekommen anderswo kaum einen besseren Thymian als bei mir.

- Nein danke, Frau Schulze. Ich werde Sie jetzt wieder verlassen. Eine Frage habe ich noch: Ist Ihnen je bei Ihrer Nachbarin Sabine Grötze etwas Ungewöhnliches aufgefallen? Bekamen Sie jemals etwas mit, das Sie irritierte?

- *(denkt lange nach)* Doch, jetzt, wo Sie mich danach fragen ... Einen Streit gab es mal. Das war vor etwa drei Wochen. Das bekam ich mit. Ich war gerade im Garten, und bei Frau Grötze stand anscheinend die Terrassentür offen.

- Wissen Sie, mit wem Frau Grötze sich stritt?

- Nein, das bekam ich nicht mit. Ich denke, es war eine Frau. Ich hörte jedenfalls zwei Frauenstimmen. Ich wollte aber gleich wieder ins Haus. Nachbarn zuzuhören, wenn sie streiten, das gehört sich nicht.

- Das ist sehr redlich von Ihnen, Frau Schulze. Meine Mutter sagt das auch immer. Dennoch ist es für uns aus Sicht der Polizei schade, dass Sie nicht mehr mitbekamen. Worum es bei diesem Streit genau ging, haben Sie nicht vielleicht herausgehört?

- Ich fürchte, nein. *(denkt nach)* Wenn ich so nachsinne, dann fallen mir allerhöchstens ein paar besonders laut gebrüllte Worte ein. Ich weiß nicht, wer von den beiden Frauen das schrie. Es klang jedenfalls wie »Jobsharing« oder so, und dass das nie und nimmer infrage käme. Ach ja, noch etwas fällt mir ein. »Es kann nur eine geben«, wurde gebrüllt. Und: »Das kann nur ich sein.«

*

Kriminalpolizei Vernehmungsraum 1a
Polizeioberkommissarin Thea Knoll

- Wann hatten Sie nach dem 6. Dezember das nächste Mal Kontakt mit der Journalistin Sabine Grötze?

- Das weiß ich nicht mehr.

- Dann sage ich es Ihnen. Der nächste Kontakt fand am 10. Dezember vormittags statt. Sie riefen Frau Grötze in der Redaktion an.

- Wissen Sie, was diese Furie in ihrer blöden Zeitung

schrieb? Sie will, dass Santa Claus verschwindet. Weil er ein Macho ist, sagt sie. Und wissen Sie, was die noch will? Sie will ihn ersetzen. Er muss vertschendert werden oder wie das heißt. Der Weihnachtsmann als Weib, das ist der größte Schwachsinn, der mir je unterkam. Einen Namen hat sie auch dafür, schrieb sie. *Santa Clausa*. Unfassbar, was die alles hat.

- Jetzt hat Frau Grötze gar nichts mehr.

- Ja ... stimmt ... Da haben Sie schon recht. Aber ich kann da nichts dafür.

- Was haben Sie bei diesem Telefonat Frau Grötze gegenüber geäußert?

- Ich habe gesagt, sie kann sich ihre idiotische Santa Clausa in den Aaa... also, in den Aaaa... Allerwertesten schieben.

- Was noch?

- Sie soll sich einen roten Umhang kaufen, sagte ich ihr. Sie soll sich einen Bart ankleben. Und wenn sie einen Namen braucht, hätte ich schon einen für sie.

- Und zwar?

- Santa Clausa und ihren Vornamen Sabine zusammenmischen, ordentlich verquirlen. Das ergibt dann Santa Clausine.

- Das war am 10. Dezember. Was geschah dann drei Tage später?

- Da rief mich der Jimmy an. Es täte ihm sehr leid, aber mit dem Santa-Claus-Job ist es jetzt vorbei.

- Nannte der Chef der Agentur *Happy Megajob* eine Begründung für diese Maßnahme?

- Ja, natürlich. Der Centermanager habe den Auftrag gekündigt, erklärte mir Jimmy. Keine Weihnachtsmänner mehr im *Mercuriopark*. Auch zwei andere Einkaufsmärkte, wo wir engagiert waren, hätten alle geplanten Auftritte abgesagt. Alles wegen dieser blöden Kuh und ihrem Zeitungsgeschreibsel.

- Was haben Sie geantwortet?

- Ich sagte dem Jimmy, ich würde gleich in den *Mercuriopark* fahren und mir den feigen Centermanager vorknöpfen!

*

Kriminalpolizei Vernehmungsraum 1c
Polizeimeisteranwärterin Hermine Stolz

- Sie wirken so nachdenklich, Frau Semara.

- Ich frage mich, ob es die Polizei etwas angeht, worüber ich mit einer Kollegin reden wollte. Das fällt eher unter Redaktionsgeheimnis. Ich wüsste nicht, was das mit dem für mich ohnehin äußerst schmerzlichen Umstand zu tun hat, dass ich Sabine tot in ihrem Haus fand.

- Frau Sabine Grötze lag auf dem Boden, wie Sie schon aussagten. Genauer gesagt, lag sie auf dem Teppich aus Hereke-Seide im Wohnzimmer. Lag noch etwas auf dem Boden?

- Ja, die Buddhastatue. Vermutlich wurde die arme Sabine damit am Kopf getroffen. Aber das wird die Polizei wohl selbst besser wissen. Ich gehe davon aus, Ihre Techniker haben das eingehend untersucht.

– Ja, Frau Sabine Grötze kam tatsächlich auf diese Weise zu Tode. Durch einen Schlag mit der Statue, die den indischen Religionsstifter Buddha in Dhyana-Mudra-Haltung darstellt. Die Statue ist aus Bronze und wiegt 7,84 Kilo. Der Kaufpreis der Statue war 1.490 Euro.

– Was Sie alles wissen …

– Ja, haben wir ermittelt. Allerdings kennen Sie den exakten Preis vermutlich besser, denn Sie haben die Statue gekauft. Moment, lassen Sie mich das in den Unterlagen nachprüfen … vor acht Jahren, am 4. Juni, bei *Kunsthandel Wesselmann*.

– Ja, es war ein Geburtstagsgeschenk. Sabine beschäftigte sich damals intensiv mit fernöstlichen Religionen und Meditationsriten. Sie verfasste dazu auch einige Beitragsserien.

– Worüber sprachen Sie am 17. Dezember mit Sabine Grötze, als Sie sie besuchten?

– Wir konnten über nichts sprechen, denn Sabine war bereits tot. Haben Sie das schon vergessen?

– Worüber wollten Sie mit ihr sprechen?

– Ich habe genug von dieser Fragerei. Mir reicht es. Ich habe wahrlich Besseres zu tun, als mich hier von Ihnen nerven zu lassen.

– Nehmen Sie bitte wieder Platz, Frau Semara.

– Einen feuchten Kehricht werde ich. Ich gehe jetzt.

– Ich bekam vom Herrn Kriminaldirektor die Anweisung, diese Befragung Ihrer Person durchzuführen. Noch sind wir mitten in der Vernehmung. Wann Sie diesen Raum verlassen dürfen, entscheidet nur einer. Nämlich ich.

- August Stolz hat Sie beauftragt …? Moment. Sie heißen auch Stolz. Sind Sie mit ihm verwandt?

- Er ist mein Vater.

- Was? Sie sind die Tochter des obersten Kripochefs?

- So ist es. Und Sie nehmen jetzt augenblicklich wieder Ihren Platz ein, Frau Semara.

- Was ist das für eine Art, mit einer Zeugin umzugehen? Ich bin freiwillig hier erschienen. Auch wenn ich den Sinn für diese Maßnahme noch immer nicht kapiere.

- Ich wiederhole meine Frage. Worüber wollten Sie mit Ihrer Kollegin, Sabine Grötze, sprechen?

- Wie ich schon sagte. Das geht die Polizei nichts an.

- In einem halben Jahr geht Dankwart Plötzens, der Chefredakteur des *Gloria Wochenmagazins,* in Rente. Doktor Emanuel Krüterlich, Besitzer und Herausgeber des Magazins, erwägt, diese wichtige Position eventuell mit einer Doppelspitze zu besetzen. Jobsharing auch unter Führungskräften ist momentan in der Wirtschaft in.

- Ja und? Dass Dankwart bald in Rente geht, ist in der Medienbranche ringsum bekannt.

- Die Situation stellte sich so dar: Sie und Frau Grötze gelten als aussichtsreiche Anwärterinnen für die Nachbesetzung des Chefpostens. Genauer gesagt, Sie gelten als die zwei einzigen Kandidatinnen, die laut Herausgeber dafür infrage kommen.

- Ach, das ist bekannt.

- Situation Nummer zwei. Was in der Medienbranche

noch nicht, wohl aber einigen Vertrauten innerhalb des Magazins bekannt ist, ergibt folgendes Bild. Doktor Krüterlich rückt von seiner Idee wieder ab und will den Chefredaktionsposten doch nur mit einer Person nachbesetzen.

- Das ist sein gutes Recht.

- Die Chancen, den Posten zu bekommen, wären für Frau Grötze höher gewesen als für Sie. Das hört man zumindest aus den Reihen der Mitarbeiter Ihres Magazins. Ich stelle also die Frage nochmals, Frau Semara: Worum ging es bei Ihrem Auftauchen in Sabine Grötzes Haus am 17. Dezember?

- He, was soll das?

- Wollten Sie mit Frau Grötze darüber reden, dass man Herausgeber Krüterlich eventuell davon überzeugen sollte, doch die Doppelspitze zu bevorzugen? Dann könnten Sie beide in professioneller Harmonie gemeinsam die Chefredaktion leiten. Was nun allerdings nicht mehr nötig ist. Denn Frau Grötze ist tot, und Sie bleiben über. Sie sind jetzt die einzige Anwärterin für die Leitung der Chefredaktion. Das ist doch perfekt gelaufen für Sie, Frau Semara, oder nicht?

*

Kriminalpolizei Vernehmungsraum 1b
Polizeihauptmeister Gustav Rohmann

- Unsere Recherchen, Herr Melling, weichen ein wenig von Ihrer Darstellung ab.

- Wie meinen Sie das?

- Sie haben keinen »mega Aufwand«, wie Sie es ausdrückten, in Ihrem Studio. Sie haben so gut wie gar keinen Aufwand mehr. Zumindest nicht in den letzten zwei Jahren.

- Ja. In der Pandemiezeit begann es, schwierig zu werden. Ich bin da nicht der Einzige. Anderen Wirtschaftstreibenden ging es ähnlich. Das Fotostudio läuft nicht mehr so gut.

- Es läuft nicht »nicht mehr so gut«, es läuft gar nicht mehr. Keine Kunden, keine Anfragen. Sie sind verschuldet. Sie sind auf die Einnahmen angewiesen, die Sie durch Aufträge von Medien wie dem *Gloria Wochenmagazin* erhalten.

- Ja, zum Glück gibt es die.

- Sie betonten, Sie hätten viele Auftraggeber.

- Ja. Mehr wäre immer gut. Aber ich bin zufrieden. Das hält mich gut über Wasser.

- Das Wasser steigt. Sie sind dabei unterzugehen, Herr Melling. Viele Auftraggeber – das ist schamlos übertrieben. Genau genommen ist das *Gloria Wochenmagazin* nahezu der einzige Auftraggeber der vergangenen zwei Jahre, der Ihnen Arbeit anbot. Und jetzt droht auch noch diese letztlich verbliebene Existenzgrundlage wegzubrechen.

- Wie kommen Sie auf diesen Unsinn?

- Das ist kein Unsinn. Das ist das Ergebnis meiner Ermittlungen. Der Auftrag am 6. Dezember im *Mercuriopark* war Ihr letzter für das *Gloria Wochenmagazin*. Sabine Grötze wollte Sie nicht mehr haben.

- Papperlapapp. Sie hat sich nur geärgert. Sie ist … pardon, sie war zwar dem Sinn nach Klimaaktivistin, stand ein für viele Klimaaktionen, außer für die Klimakleber. Die konnte sie nicht leiden. Dagegen schrieb sie sogar an. Es gibt ein Unternehmen, das damit wirbt, einen Spezialklebstoff zu produzieren. Dieser Klebstoff sei der beste für alle Klimakleber. Das trommeln die so laut hinaus, wie es nur geht. Dieses Unternehmen engagierte mich für eine Werbekampagne. Natürlich machte ich die Fotos. Job ist Job. Ich kann mir bei meiner Lage auch nicht aussuchen, wer mir einen Job und viel Kohle bietet. Als Sabine davon erfuhr, drehte sie durch. Auf Sabines Art eben. Sie können mir glauben, Herr Hauptkommissar. Sie hätte sich schon wieder beruhigt. Das war nicht so ernst gemeint, wie es sich darstellt.

- Das war sogar sehr ernst gemeint. Denn Frau Grötze informierte den Herausgeber Doktor Krüterlich, dass mit dem Fotografen Karim Melling keine Zusammenarbeit mehr zu erfolgen habe. Und sie hätte auch schon für einen gleichwertigen Ersatz gesorgt.

- Aber das sind doch nur laut hinausgebrüllte Kampfansagen, Herr Polizeihauptmeister. Völlig ohne Bedeutung. Das sind nur Drohgebärden. Das ist in der Medienbranche nicht unüblich. Da reicht oft eine Kleinigkeit, über die man sich ärgert. Und schon wird statt der feinen Feile der brutale Schmiedehammer ausgepackt. Das dauert eine Weile, dann beruhigt es sich wieder. Alles, was man dabei zu tun hat, ist, Geduld zu haben und das Ende abzuwarten.

- Jetzt, wo Frau Grötze nicht mehr da ist, brauchen Sie das Ende gar nicht mehr abzuwarten, Herr Melling. Es ist schnell gegangen.

- Was wollen Sie damit andeuten?

- Ihr Fotostudio ist in der Sonnbergallee Nummer 8. Dort wohnen Sie auch. Mit dem Fahrrad schafft man es in drei Minuten. Ich bin kein Läufer, ich bin es in gemütlichem Tempo nachgegangen. Auch da braucht es nur zwölf bis 15 Minuten, dann ist man von der Sonnbergallee in der Gartenstraße angekommen. Dort wohnte auf Nummer 11 die Journalistin Sabine Grötze. Die nun tot ist. Die Ihnen folglich nicht mehr im Weg steht, Herr Melling, um Ihr Einkommen und Ihre Haut zu retten.

*

Kriminalpolizei Vernehmungsraum 1a
Polizeioberkommissarin Thea Knoll

- Haben Sie sich den Centermanager des *Mercuriopark* »vorgeknöpft«, wie Sie das zu bezeichnen belieben, Herr Draller?

- Nein, das habe ich dann doch nicht.

- Wer hielt Sie davon ab?

- Der Jimmy. Er meinte, wenn ich jetzt wie ein Wilder drauflosstürme, dann schade das auch dem Ruf seiner Agentur. Das wollte ich dann doch nicht.

- Am 14. Dezember war offenbar niemand da, der Sie zurückhielt.

- Nein. Und ich bereue es auch nicht. Ich würde es wieder tun.

- Sie haben Frau Sabine Grötze bedroht. Und Sie standen unter Einfluss von Alkohol.

- Garantiert nicht. Ich habe kaum etwas getrunken.

- Laut Aussage des Wirtes vom Gasthof *Rotes Lamm* waren es drei Bier à 0,4 Liter und zwei Doppelkorn.

- Ich sagte ja, kaum etwas.

- Gemäß Aussage Ihrer beiden mitzechenden Kumpane waren es sogar drei Doppelkorn.

- Ja, weil der Willi seinen zweiten nicht mehr trinken wollte.

- Ihre beiden Kumpane, die ebenfalls von der Agentur *Happy Megajob* als Santa-Claus-Darsteller engagierten, mittlerweile beschäftigungslosen Herren Wilhelm Reckler und Henning Tannwald, sagten aus, dass Sie, Herr Draller, ihnen gegenüber die Äußerung tätigten: Dafür bringe ich sie um, die Schlampe.

- Aber Frau Wachtmeister …

- Mein Name ist Thea Knoll, und ich bin Polizeioberkommissarin.

- Meinte ich ja, Frau Oberkommissarin. Sie wissen doch, wie schnell man so etwas sagt, wenn man zornig wird. Das war natürlich nicht ernst gemeint mit dem Umbringen. Das ist mir einfach so herausgerutscht, weil ich dermaßen wütend war. Wir sind gerade bei der letzten Schnapsrunde, da legt mir der Olaf, der Wirt vom *Lamm*, die neueste Ausgabe des Wochenmagazins her. »Machoide Restbestände« stand da als Überschrift. »Schluss mit dem

Santa-Claus-Unwesen.« Und gleich darunter in fetten dicken Lettern war zu lesen: »Verantwortungslos!« Und daneben war ein Bild. Das zeigte mich als Santa Claus. Eine Aufnahme aus dem *Mercuriopark*. Und mein Name stand auch dabei. Auch in fetten Buchstaben. Als ich das sah, stieg mir die Galle hoch. Ich war dermaßen in Rage. Also trank ich Willis Doppelkorn aus und beschloss, der Durchgeknallten meine Meinung zu sagen.

- Total fahruntüchtig.

- Deshalb nahm ich mir ja ein Taxi. Der Fahrer wusste genau, wo das Hauptquartier von diesem Käseblatt ist.

- Sie erreichten das Zentralgebäude des *Gloria Wochenmagazins* am 14. Dezember um 11.22 Uhr. Sie stürmten in die Redaktion.

- Ja, und ich knallte ihr die Zeitschrift mit meinem Foto auf den Schreibtisch und fragte sie, was das soll.

- Laut Aussage der Redaktionsmitarbeiter und -mitarbeiterinnen stellten Sie keine Frage, sondern brüllten: »Was Sie hier mit mir und meinem Foto veranstalten, ist eine hirnverbrannte Obersauerei.«

- Ja, kann sein, dass ich es so ausdrückte. Aber dürfen die das überhaupt? Mein Bild und meinen Namen in die Zeitung setzen? Mich in fetten roten Lettern als verantwortungslos hinstellen? Nur weil ich nicht will, dass man den Santa Claus einen Macho nennt und den Kindern wegnimmt. Diese Grötze hat keine Ahnung, was sie mit ihrem Getue Menschen antut, wie sehr sie andere tief im Innersten verletzt. Eines Tages bekommt sie dafür die Quittung.

- Was machten Sie sonst noch?

- Das weiß ich nicht mehr. Ich war derartig außer mir, dass ich mich nicht mehr an alles erinnern kann.

- Dann werde ich Ihrem Gedächtnis auf die Sprünge helfen. Sie brüllten: »Das werde ich Ihnen heimzahlen, darauf können Sie Gift nehmen!«

- Ja, kann sein. Alles weiß ich nicht mehr. Woran ich mich erinnern kann, sind die zwei Security-Leute, die mich hinausschleppten. Aber Sie müssen mir glauben, Frau Oberkommissarin. Was mit dieser Frau Grötze dann passiert ist, damit habe ich nichts zu tun. Ich war das nicht.

- Wir sehen das anders. Fassen wir zusammen: Sie äußerten vor Zeugen, dass Sie die Schlampe umbringen werden. Sie hatten erwiesenermaßen ein starkes Motiv. Sie hatten die Gelegenheit dazu. Sie nahmen allerdings kein Gift, sondern eine Bronzestatue. Das haben Sie alles. Was Sie allerdings nicht haben, Herr Draller, ist ein Alibi.

*

Gasthaus Rotes Lamm, Extrazimmer.
Polizeioberkommissarin Thea Knoll, Polizeihaupt-
meister Gustav Rohmann, Polizeiobermeister August
Müller, Polizeimeisteranwärterin Hermine Stolz

Gustav Rohmann: Es hat sich ausgezahlt, Thea. Auch wenn ich anfangs nicht dachte, dass dabei etwas herauskommen könnte.

Thea Knoll: Ja, mir ging es ähnlich. Aber wie pflegte mein Vorgänger immer zu sagen? Bevor ihr nicht alles eindeutig beweisen könnt, müsst ihr weitermachen mit dem Reinwühlen. Es gilt, jede Münze umzudrehen, jeden Halbsatz zu zerpflücken. Wer zu früh aufgibt, den beißen die Füchse.

Gustav Rohmann: Ja, der alte Polizeirat Falk Zagler. Ich konnte ihn gut leiden. Der hatte immer das rechte geflügelte Wort auf Lager. Welchen seiner Sprüche würde er uns wohl jetzt mit einem Grinsen servieren? Vielleicht den: Und vergesst nicht – der Zufall ist wie der Osterhase. Man weiß nie genau, wo er die Eier versteckt.

August Müller: Also dann ... *(die drei Dienstgradhöheren heben die Gläser)* ... lasst uns auf unsere Hermine und ihren exzellenten Spürsinn anstoßen.

Hermine Stolz (errötend): Ach, das heißt gar nichts. Wenn ihr mehr Zeit gehabt hättet, unsere Protokolle genauer durchzulesen, wäre es euch früher oder später garantiert auch aufgefallen.

Thea Knoll: Mag sein, Hermine. Aber dir ist es als Einzige gleich aufgefallen.

Hermine Stolz: Ja, das schon. Aber ich war mir auch nicht felsenfest sicher. Ich habe sofort alle Zeitungsberichte, alle Mediendarstellungen genauestens durchgecheckt. Und tatsächlich: In den meisten hieß es nur, dass Sabine Grötze Opfer eines brutalen Verbrechens wurde, dass sie ermordet wurde. In drei Zeitungen war nachzulesen, dass sie erschlagen wurde mit einem schweren

Gegenstand. Aber nirgends schien auf, dass die Mordwaffe eine Buddhastatue war.

Gustav Rohmann: Aber du hast sofort den richtigen Schluss daraus gezogen. Du fragtest dich, woher konnte sie das wissen? Gratulation, Hermine. Schön, dich im Team zu haben.

Anstoßen. Gläserklirren.

August Müller: Ich fand die alte Dame von Anfang an sehr sympathisch. Sogar Plätzchen gab sie mir mit. Im Grunde kann sie einem fast leidtun. Die Gartenzwerge waren noch von ihrem Großvater. Handgemacht, wie wir inzwischen ja wissen. Was für einen Schock musste sie erleiden, als sie die wunderschönen alten Zwerge in ihrem Garten fand. Zerstört, zerschlagen, in kleine Stücke zertrümmert. Sie hat lange gebraucht. Fast zwei Monate. Dann ist sie rüber zu ihrer Nachbarin und hat sie zur Rede gestellt.

Thea Knoll: Und die lachte sie nur aus. Da hat die innerlich tief gedemütigte Frau Schulze zur Statue gegriffen.

Gustav Rohmann: Was habe ich da im Vernehmungsprotokoll gelesen? Wie sagte unser guter Severin Dralle?

Thea Knoll: Er sagte, diese Grötze hat keine Ahnung, was sie mit ihrem Getue Menschen antut, wie sehr sie andere tief im Innersten verletzt. Eines Tages bekommt sie dafür die Quittung.

Gustav Rohmann: Die hat sie jetzt bekommen.

Hermine Stolz: Ich möchte auf das Wohl von Emma Schulze anstoßen. Auch wenn es ihr vielleicht nichts hilft. Versuchen will ich es doch. Das sind wir der armen Frau schuldig.

August Müller: Ja, das wollen wir. Auf Emma Schulze.

Gläserklirren.

3 SHERRY CHRISTMAS

Die Kleine in der zweiten Reihe war ihm sofort aufgefallen. Nicht nur, dass sie lauter sang als die anderen, sie hatte auch eindeutig die beste Stimme von allen. Sie hatte sich vorhin schon recht eigenwillig präsentiert, als seine Tante die Kinder aufforderte, sie mögen sich doch Stephen vorstellen, damit er wisse, wie sie heißen. 21 Kinder waren es, die ihm ihre Namen nannten, acht Buben und 13 Mädchen. Nur Olivia beließ es nicht einfach bei der Nennung ihres Namens. Sie schaute ihm kess ins Gesicht und sagte: »Kennst du Tobago? Da kommt meine Familie her. Magst du Salsa? Ich liebe es.« Dann hatte sie ihre Hüfte geschwungen, mit den Armen gewedelt, sich schnell gedreht, dass ihre dunklen Zöpfe flogen. Die meisten anderen Kinder hatten gelacht und in die Hände geklatscht. »Ja, ich mag Salsa, aber ich kann es nicht so toll tanzen wie du.« Gott sei Dank war sein Englisch so gut, dass er die Kinder bestens verstand. »Stephen kommt aus Österreich, wie ich euch schon sagte, Kinder. Dort tanzen die Leute auch gerne. Die Tänze heißen dort nicht Salsa, sondern Walzer und Polka.«

Polka, what's that? Tante Sofia hatte es ihnen erklärt, sogar ein paar Schritte vorgezeigt. Darauf wollten alle unbedingt Polka tanzen. »Das lernen wir ein anderes

Mal. Jetzt wird gesungen.« Ja, Olivia, die dunkelhäutige Kleine mit den Rastazöpfen, war nicht nur eine passable Tänzerin, sie hatte zudem eine laute, sehr klare Stimme.

Deck the halls with boughs of holly
fa-la-la-la-la, la-la-la-la
'tis the season to be jolly
fa-la-la-la-la, la-la-la-la

Don we now our gay apparel
fa-la-la, fa-la-la, la-la-la
troll the ancient Yuletide carol
fa-la-la-la-la, la-la-la-la

Stefan war begeistert, was er hier zu hören bekam. Zu Hause in Oberndorf sang er auch bei einem Chor. Sie hatten das eine oder andere englische Weihnachtslied im Repertoire. Aber dieses »Deck the halls with boughs of holly« kannte er nicht. Er hörte es hier zum ersten Mal. »Schmückt die Hausflure mit Zweigen von …« Er war sich nicht ganz sicher, was »holly« bedeutete. Wohl war damit ein bestimmter Strauch oder Baum gemeint. Er würde später im Internet am Handy nachschauen. Das letzte »Falala…« hatten die Kinder sogar mehrstimmig gesungen. Er bewunderte, wie es seiner Tante gelang, diese ausgelassene Schar von Quirligen beisammenzuhalten. Die meisten waren erst sieben Jahre alt. Drei von den Buben waren ein wenig älter, sie waren schon acht. Tante Sofia unterrichtete die dritte Klasse der Primary

School. In England kamen die Kinder schon mit fünf Jahren in die Grundschule, wie er wusste.

Sing we joyous all together
fa-la-la, fa-la-la, la-la-la
heedless of the wind and weather
fa-la-la-la-la, la-la-la-la

Singen wir alle freudig miteinander, ohne auf Wind und Wetter zu achten. Das hatte er eindeutig verstanden. In einem Weihnachtslied festzuhalten, man möge sich nicht um schlechtes Wetter scheren, war in England offenbar nicht ungewöhnlich. Doch das sprichwörtlich schlechte englische Wetter hatte sich durch die Klimakrise inzwischen geändert. Im ganzen Dezember war nur an zwei Tagen Regen gefallen, wie ihm seine Tante berichtet hatte. Die Temperaturen hatten für einen Dezember Rekordhöhen an Wärme erreicht. Dass ihr Neffe Stefan aus Oberndorf kam, hatte Tante Sofia den Kindern gleich zu Beginn der Unterrichtsstunde erklärt. Das liegt in Österreich, hatte sie hinzugefügt. Aus diesem Ort kommt das Weihnachtslied »Stille Nacht« von Franz Xaver Gruber. Der war Lehrer. Oh, »Silent night, holy night« hatten einige erstaunt geflüstert und dabei mit großen Kinderaugen gestrahlt. Nach dem letzten mehrstimmigen Falalalala sagte seine Tante: »So, Kinder, wir machen jetzt eine Pause vom Singen. Setzt euch bitte wieder hin. Wir wollen miteinander überlegen, was wir noch vorbereiten müssen. Dann erfährt Stefan gleich, was die Kinder in England am Christmas Eve alles zu tun haben.« Er hörte interessiert und amüsiert zu, wie die Kleinen aufgeregt loslegten. Fast alle rissen die Arme in die Höhe und wollten als Erste sagen, was das Allerwichtigste für den 24. Dezember war. Der Weihnachtsstrumpf musste für Christmas Eve vorbereitet werden. Der *Christmas Stocking*.

Der englische Weihnachtsmann, Father Christmas, rauschte am liebsten durch den Kamin herunter und steckte die Geschenke in den großen Strumpf.

»Meine Schwester und ich stellen auch immer etwas für Father Christmas hin«, rief einer der Achtjährigen. »Ich auch«, »Wir auch« ging es los. Kleine Geschenke für Father Christmas als Dankeschön waren angebracht. Mince Pies gibt es, wie Stefan hörte. Soviel er wusste, waren das kleine süße Pasteten. Und dann erfuhr er etwas, das ihn überraschte. Father Christmas schätzte es durchaus, wenn man ihm ein Glas mit besonderer Füllung hinstellt, sagten die Kinder. Seine Tante bestätigte es. Cognac mochte er. Und vor allem Sherry. Das hatte Stefan noch nie gehört. Vielleicht lag es daran, dass er erst seit vier Jahren in der Getränkebranche arbeitete. Er war gelernter Installateur. Als die Firma, in der er angestellt war, wegen Corona zusperren musste, brauchte er einen neuen Job. Er sattelte um. Ein ehemaliger Schulfreund gab ihm eine Chance. Der war bereits gut im Getränkehandel etabliert. Er unterstützte Stefan dabei, ebenfalls als Einkäufer und Vertreter für Getränke selbstständig zu werden. Mit Sherry hatte Stefan schon zu tun gehabt, aber nicht allzu viel. Das sollte sich ändern, auch durch den aktuellen Aufenthalt hier. Es gab zwei Gründe, warum er ausgerechnet jetzt nach London gekommen war. Der eine Grund hieß Tante Sofia, der andere Tony Forrester. Nach zwei größeren Geschäftsabschlüssen miteinander hatte Tony ihm einen Vorschlag gemacht. »Komm zu mir nach London«, hatte er gesagt, als sie einander im April bei einer Getränke-fachmesse in Köln begegnet waren. Jetzt war Stefan hier.

Er würde Tony heute noch treffen. In der City. Zuvor gibt es eine kurze Stadtführung, hatte ihm Tony vorge-schlagen. Und für den Abend war Stefan eingeladen zur Dezember-Sitzung im *Sherry Club*. Der Club bestand seit fünf Jahren. Tony hatte ihn gegründet. Dort ein-mal dabei zu sein, darauf freute Stefan sich schon. »Gut, Kinder, wenn ihr alles richtig beachtet, dann wird euch Father Christmas gewiss viel von dem bringen, was ihr euch wünscht.« Aufgebrachtes Geplapper legte los. Jeder wollte den anderen wissen lassen, was er oder sie sich heuer wünschte. »Bitte Ruhe, Kinder.« Seine Tante hob beschwichtigend die Hand. »Ein Lied singen wir heute noch, aber erst am Schluss der Stunde. Bis dahin bleibt noch Zeit. Stefan hat jetzt einiges von euch mit-bekommen. Ich kann mir gut vorstellen, dass ihr viele Fragen an ihn habt.« Das hatten sie. Alle rissen die Arme nach oben. »Wo hat der Lehrer *Silent Night, Holy Night* gefunden?«, wollte eines der Mädchen aus der ersten Reihe wissen. »Bei *TikTok*?«, fragte ihre Banknachbarin. Stefan konnte sich ein Lachen nicht verkneifen. »Nein«, begann er. »Franz Xaver Gruber lebte vor langer Zeit. Das ist schon mehr als 200 Jahre her.« Einige blickten erstaunt. »Meine Grandma ist uralt«, rief der zweite Achtjährige. »Sie wird bald 82. Das Lied ist also noch älter?« »Ja«, sagte Stefan. »Wenn ihr es genau wissen wollt, dann sage ich es euch gerne. Es war im Jahr 1818, als das Lied entstand. Damals gab es noch kein Internet. Der Lehrer Franz Xaver Gruber hat das Lied nicht irgendwo gefunden, weder bei *TikTok* noch auf *YouTube*. Er hat es selbst geschrieben. Und er hat das Lied *Stille Nacht* zusammen mit einem Freund, der war Priester, zum ersten Mal in der Kirche von Oberndorf gesungen. Er hat dazu selbst die Begleitung gespielt. Mit einer Gitarre.« Der erste Achtjährige, er hieß Liam, wollte unbedingt wissen, was das für eine Gitarre war. Liams Bruder Tom spiele ebenfalls Gitarre, wie Stefan erfuhr. In einer Band. Tom spielte auf einer *Fender*. »*Fender* war es wohl keine«, meinte Stefan. »Aber die Gitarre von damals gibt es noch.« Er werde versuchen herauszufinden, welche Marke das war. Dann würde er Frau Lehrerin Thompson, also seiner Tante, eine Nachricht schicken. Die könnte es dann Liam weitersagen. Sofort rasselten die nächsten Fragen daher. Wie die Kinder in Österreich Weihnachten feierten, wollten einige wissen. Ob er schon einmal dieses Christkind gesehen hatte, fragte ein Mädchen mit Sommersprossen. Ob es in Österreich auch Plumpudding zu Weihnachten gebe, wollte wer wissen. Es kamen zudem Fragen, die gar nichts mit Weihnachten zu tun hatten. Stefan gab sich Mühe, so gut es ging auf alles eine Antwort zu finden. »So, Kinder, jetzt singen wir. Kommt bitte heraus. Choraufstellung.«

Alle sprangen auf, stürmten nach vorne. Eine der Father-Christmas-Zeichnungen, die die Kinder angefertigt hatten, flatterte von der Wand auf den Boden. »Das heben wir später auf«, ordnete seine Tante an. Sie sang ihnen die Töne vor, die sie brauchten. Dann hob sie die Hand, gab den Einsatz.

»Ding dong! Merrily on high«, begannen die Kinder. Sie trällerten in einer belebenden Frische, als wären sie eben erst aufgestanden und hätten nicht schon zwei anstrengende Schulstunden hinter sich.

»In heav'n the bells a ringing

Ding dong! Verily the sky
is riv'n with angels singing«

Dieses Lied war Stefan bekannt. Das hatten sie in Oberndorf zwar nicht im Repertoire, aber er hatte es von anderen Chören schon öfter gehört. Vor allem von Jugendchören. Wenn er zurückkehrte, würde er der Chorleiterin den Vorschlag machen, dieses Lied ins Repertoire zu nehmen. Jetzt kam gleich das Solo. Und natürlich sang es Olivia, ganz wie er erwartet hatte.

»Gloooria …«

Die Gloriaphrase ist sehr lang. Doch Olivia schaffte es mühelos, ohne dazwischen zu atmen. Ihre ebenso anmutige wie kräftige Kinderstimme erfüllte das Klassenzimmer wie eine helle Glocke.

»Hosanna in excelsis …«

Eine Stunde später raste Stefan mit der Underground stadteinwärts. Er wäre gerne gesessen, aber die U-Bahn war gerammelt voll. An der Tower Bridge würde er sich, wie vereinbart, mit Tony treffen. Er war schon sehr gespannt, was ihn erwartete. Vielleicht würde es sich sogar ausgehen, dass er mitbekam, wie die berühmte Brücke sich öffnete. Bisher kannte er das nur aus dem Fernsehen oder aus dem Internet. Er war das erste Mal in London. Das hatte er nicht zuletzt seiner Tante zu verdanken. Tante Sofia war heuer im Sommer nach Österreich gekommen. Seine Mutter hatte im Juli ihren 50er gefeiert. Mit einem großen Fest und vielen Gästen. Tante Sofia hatte ihn beim Geburtstagsfest seiner Mutter für Weihnachten eingeladen. Die Eltern auch. Sie würden allerdings erst zwei Tage vor dem Weihnachtsfest kommen. Er hatte Tante Sofias Vorschlag, schon etwas früher anzureisen, gerne angenommen. Noch dazu, wo es sich wunderbar mit Tonys Einladung in den *Sherry Club* verbinden ließ. Vorgestern war er zu Mittag am Heathrow Airport gelandet. Seine Tante wohnte im Stadtteil Notting Hill. Der war ihm ein Begriff. Aber auch nur, weil er den Film mit Julia Roberts und Hugh Grant gesehen hatte. Seine Tante hatte ihm noch am Nachmittag seiner Ankunft gezeigt, wo der Film gedreht worden war. Sie hatten auch den

berühmten Buchladen aufgesucht. »Ich liebe die Portobello Road, als wäre ich hier geboren und aufgewachsen. Sie war mir von der ersten Sekunde an vertraut,
in der ich in dieses farbenprächtige, wirbelnde, schier
unüberschaubare Leben eintauchte.«

Stefan hatte sofort begriffen, was seine Tante meinte.
Auch ihn faszinierte, was er sah. Die Townhouses
in Regenbogenfarben, das fröhliche Treiben auf der
Straße, das unwahrscheinlich vielfältige Angebot. Von
Obst und Backwaren über Musikinstrumente und
Schallplatten bis hin zu edler Kleidung und antiken
Möbeln. Die meisten Waren wurden nicht nur innerhalb der Geschäfte, sondern auch draußen angeboten.
Stühle und Tische fand man ebenso im Freien. »Das
ist mein Lieblingsplatz, wenn es um den besten Kaffee
geht«, hatte seine Tante ihn angestupst und auf einen
der freien Stühle gewiesen. »Germanos. Colombian
Coffee Roasters« stand oberhalb des Schaufensters
und des hellen Türrahmens. »Buenas tardes, Señora
Sofia«, lachte der schwarzhaarige Mann, der ihnen
zwei Tassen mit frischem Kaffee hinstellte. Seine Tante
war hier tatsächlich bestens bekannt. »Du musst unbedingt Ende August wiederkommen, Stefan. Dann feiern wir auf der Portobello Road karibischen Karne-
val. Die Wagenparade mit Hunderten Menschen in
verrücktesten Verkleidungen ist spektakulär. Es wird
mitten auf der Straße Samba und Calypso getanzt. Die
Bands, die aufspielen, sind großartig. Das darfst du dir
nicht entgehen lassen.«

»Das werde ich mir garantiert nächstes Jahr anschauen, Tante Sofia«, hatte er zugesagt. »Ich komme gerne wieder. Hier fühle ich mich wohl.«

Er hatte sich zuvor schlaugemacht, wo er umsteigen musste, um ans gewünschte Ziel zu kommen. Schließlich verließ er an der Station London Bridge die U-Bahn. Er war hingerissen vom Anblick, der sich ihm bot. Dass London einen nicht nur durch die Ansammlung seiner berühmten historischen Gebäude in den Bann zog, sondern seit vielen Jahren auch durch seine spektakuläre Skyline modernster Gebäude, die in ausgefallener Architektur in den Himmel ragten, war ihm bekannt. Aber wenn man hier stand und es mit eigenen Augen sah, war es noch überwältigender. Minuten später näherte er sich der Tower Bridge. Es war ihm unklar, wer seinen stillen Wunsch erhört hatte. Ob das Christkind oder Father Christmas dafür verantwortlich war. Es war ihm egal. Er bedankte sich jedenfalls still dafür, dass er sehen durfte, wie sich in diesem Moment die Fahrbahnarme hoben und die Brücke aufging. Es dauerte nicht lange, dann passierte ein großes weißes Passagierschiff die offene Brücke.

»Hey, Stefan.« Da war Tony. Er winkte ihm zu. Neben Tony stand ein älterer Herr. Stefan schätzte ihn auf weit über 70. Warum Tony seinen Großvater mitgebracht hatte, wurde dann klar. Ihm war ein unaufschiebbarer wichtiger Termin dazwischengekommen. Aber sein Großvater hatte sich sofort bereit erklärt, den »friend from Austria« ein wenig herumzuführen. Am Abend würde Mister Arthur Forrester ebenfalls dabei sein, wenn sie im *Sherry Club* die Dezember-Sitzung eröffneten. Stefan fand den alten silberhaarigen Herrn sympathisch. Er reichte ihm die Hand. »Herzlich willkommen in London«, sagte der Alte. Und das auf Deutsch. Stefan war überrascht von der nahezu akzentfreien Aussprache des alten Herrn. Der bemerkte Stefans Verwunderung. »Ich war oft in Österreich. Da war ich noch jünger«, erklärte er. »Ich habe heute noch Freunde in Tirol.« Tony klopfte Stefan auf die Schulter, verabschiedete sich. »Sie sind das erste Mal in London, wie mir Tony sagte.« Arthur Forrester war wieder ins Englische gewechselt. »Wie lange bleiben Sie?« Stefan berichtete ihm von seiner Tante, sagte, dass er ein Rückflugticket für den 28. Dezember habe. Er erzählte ihm von den Kindern, die seine Tante unterrichtete und die ihm heute Weihnachtslieder vorgesungen hatten. »Welche?« Stefan zählte sie auf. Der Alte schmunzelte. »Ja, ›Deck the halls‹ mochte Tony immer gerne. Meine Frau, Tonys Großmutter, musste es ihm oft vorsingen.« Dann starteten sie die Tour. Dass er ihm in der Kürze nur ein paar Highlights zeigen konnte, betonte der alte Mann gleich am Anfang. Er gab zu jedem wichtigen Punkt zwei, drei Hinweise. Mehr nicht. Er ließ Stefan lieber in Ruhe schauen und staunen. Was Stefan neben den vielen historischen Gebäuden besonders auffiel, waren die berittenen Polizisten und Polizistinnen auf ihren Pferden. Eine Polizistin hatte sogar freundlich zurückgenickt, als er sie grüßte. Am Trafalgar Square bewunderte Stefan die erstaunlich hohe Säule mit der Statue von Admiral Nelson an der Spitze. Die Säule sei 51 Meter hoch, erklärte ihm sein Führer, das entspreche exakt der Höhe vom Kiel bis zur Mastspitze von Nelsons Flaggschiff, das der Admiral bei der Schlacht von Trafalgar befehligt hatte. Was aber derzeit noch auffälliger war als die Nelsonsäule oder das Reiterstandbild von George IV., war der riesige geschmückte Christbaum. Er überragte sogar die National Gallery. Das sei ein Geschenk aus Norwegen, wie Stefan erfuhr. Der erste Christbaum kam 1947. Seit damals stiftete die norwegische Hauptstadt Oslo jedes Jahr einen prachtvollen Baum als Dank für die britische Unterstützung im Zweiten Weltkrieg. Auch wenn Arthur Forrester seine Erklärungen spärlich einstreute, war Stefan klar, dass er sich kaum einen Teil der vielen Details merken konnte. Er musste unbedingt wiederkommen. Das Ende der Tour würden Westminster Abbey und der St. James Park sein. Dazwischen machten sie ausgiebig Halt. Das war noch vor dem Trafalgar Square. Sie waren übereingekommen, sich beim Vornamen zu nennen. Arthur Forrester führte ihn zu einem ganz besonderen Pub. Als sie davorstanden, wurde ihm klar, warum Tonys Großvater ihn ausgerechnet hierher brachte. Stefan hatte kurz davor erwähnt, wie sehr er Krimis liebte und dass er vor allem die von der BBC produzierten Serien sehr schätzte. »Wir sind zwar nicht in der Baker Street, sondern in der Northumberland Street. Aber ich denke, dass es dir auch gut gefällt.« Stefan musste lachen. Er klatschte sogar in die Hände wie ein überraschtes Kind. Der Pub sah prächtig aus mit seinen großen Glasfenstern und den dunkel gehaltenen Pilastern. Was ihn am meisten entzückte, war der Name des Pubs, der in geschwungenen goldfarbenen Lettern oberhalb der Fensterreihe zu lesen war. *The Sherlock Holmes.* »Na, hoffentlich gibt es heute nicht noch einen schwierigen Fall zu lösen«, scherzte Stefan. »Falls doch«, erwiderte Arthur Forrester, »wäre es gut, sich vorher entsprechend zu stärken. Etwa mit dunklem Bier.«

Er wies zum Lokal, ließ Stefan den Vortritt. Stefan begutachtete kurz die originelle Inneneinrichtung, dann nahmen sie draußen vor dem Lokal Platz. Das außergewöhnlich warme Wetter machte das möglich. Zwei Tische waren noch frei. Sie griffen nicht einmal nach den wärmenden Decken, die auf den Stühlen bereitlagen. Sie ließen sich das Bier bringen, stießen an. »Es ist großartig, in einem Sherlock-Holmes-Lokal zu sitzen, zusammen mit einem Mann, der denselben Vornamen trägt wie der Schöpfer des Meisterdetektivs«, führte Stefan an und hob das Glas.

»Danke, Stefan. Allerdings wurde Arthur Conan Doyle mit 43 Jahren geadelt und durfte ein ›Sir‹ vor seinem Namen tragen. Das fehlt bei mir noch.« Er lachte spitzbübisch und stieß mit seinem Schützling an. Stefan machte einen großen Schluck. Das dunkle Bier schmeckt hervorragend, fand er. »Wann warst du in Österreich, Arthur?« Der alte Mann wischte sich mit der Serviette den Bierschaum vom Mund. »Das erste Mal in den späten 1970er-Jahren. Ich bin studierter Montaningenieur.

Meine damalige Firma schickte mich zu einigen Bergbauunternehmen auf dem Kontinent. So kam ich auch nach Tirol. Ich gewann dort schnell Freunde unter den Einheimischen. Später kam ich noch öfter. Privat, nicht mehr beruflich.«

»Warst du auch rund um die Weihnachtszeit in Tirol?«

»Ja, sogar mehrmals. Einmal in der Adventszeit. Ich verbrachte fast zwei Wochen in Tirol.«

»Bei uns gibt es viele Bräuche, gerade in der Vorweihnachtszeit. Hast du davon etwas mitbekommen?«

Arthur nickte. »Ja, das habe ich. Was mir weniger gefiel, waren diese Maskierten. Sie waren als Teufel verkleidet. Wie heißen die? Der Name ist für einen Engländer schwer auszusprechen, ich habe die Bezeichnung längst vergessen.«

»Krampusse nennt man diese Teufelswesen«, erklärte Stefan. »Der Krampus begleitet bei uns den Heiligen Nikolaus, wenn dieser den Kindern Gaben bringt.«

»Ach richtig, so war das.« Er gab sich Mühe, den Namen halbwegs korrekt auszusprechen. »Krampusse. Aber ich konnte damit wenig anfangen.«

»Gab es etwas, das dir bei uns in der Vorweihnachtszeit besonders gefiel?«

»Ja, daran erinnere ich mich gerne.« Der alte Mann griff zum Glas, prostete Stefan zu. »Ich war davon überrascht, als ich es erlebte. Meine Tiroler Freunde wohnen auf dem Land in einem kleinen Ort. Einmal war ich bei ihnen zum Abendessen eingeladen. Sie sagten, heute sei etwas Besonderes zu erwarten. Wir hatten schon fertig gegessen, als draußen etwas zu hören war. Eine Gruppe von Leuten kam auf das Haus zu. Meine Gastgeber nahmen mich mit hinaus. Einer in der Gruppe hatte eine Gitarre dabei. Zwei aus der Gruppe waren als Maria und Josef gekleidet.«

»Ah«, sagte Stefan. »Das waren Anglöckler.«

»An den Namen kann ich mich nicht mehr erinnern. Aber mir wurde schnell klar, worum es da ging. Um die Herbergssuche. Die Leute sangen und sagten dazwischen ihre Sprüche auf. Dann sammelten sie Geld für einen guten Zweck ein. Der Auftritt dieser Menschen gefiel mir gut. Ich war sehr berührt. Es erinnerte mich an einen Brauch, den es bei uns in England gibt. Heute leider nicht mehr in der ursprünglichen Form. ›Carol Singing‹ kennen wir schon noch. Unsere *Carol Singers* sind meist Laienchöre. Die stellen sich auf öffentliche Plätze und singen Carols wie ›Love came down at Christmas‹ oder ›We wish you a merry Christmas‹. Das ist sehr stimmungsvoll und nett. Ich war 25, als ich nach London übersiedelte. Davor bin ich auf dem Land aufgewachsen. Mein Vater war ein leidenschaftlicher Sänger. Ihm genügte es nicht, Menschen auf öffentlichen Plätzen einfach nur Weihnachtslieder vorzusingen. Er wollte an die ursprüngliche Idee dieses Brauchs erinnern. Vorläufer unserer heutigen *Carol Singers* waren die *Christmas Waits*. Diese Tradition begann schon im Mittelalter. Die Sängergruppe der *Christmas Waits* wurde meist vom Bürgermeister zusammengestellt. Auch andere einflussreiche Bürger des Ortes beteiligten sich daran. Die Gruppen zogen am Christmas Eve singend durch die Dörfer, auch durch Städte. Sie sammelten dabei Spenden, um damit armen, bedürftigen Menschen zu helfen. Das wollte mein Vater auch. Darauf legte er großen Wert. Er konnte bei uns auf dem Land andere Personen dafür begeistern. Sie hatten zwar keine Darsteller von Maria und Josef dabei wie … wie heißt das?«

»Die Anglöckler. Auch Anklöpfler genannt. Der Name bezieht sich auf das Anklopfen mit der Bitte, die Tür zu öffnen, um Herberge zu geben.«

»Mein Vater und seine Sänger baten bei ihrer Darbietung die Leute ebenfalls um Geld als Spende für Wohltätigkeit.«

»Da gibt es also offenbar Parallelen zwischen alten Bräuchen in England und bei uns in Österreich. Man nennt das Heischebräuche. Heischen ist ein altes Wort unserer Sprache. Heischen bedeutet so viel wie bitten, Mitleid erheischen kennst du vielleicht. Man bittet also um eine Gabe. Ähnliches vollführen bei uns die *Sternsinger*. Das sind Menschen, meist junge Leute, verkleidet als die Heiligen Drei Könige. Sie ziehen von Haus zu Haus, rezitieren Sprüche und singen Lieder. Die Armen sollen mittels Spenden etwas bekommen.«

Arthur trank sein Bier aus. Er gab dem Ober ein Zeichen, bestellte zwei neue. »Die Armen sollen etwas abbekommen. Dazu gibt es bei uns in England noch einen anderen Weihnachtsbrauch, der zurück bis ins Mittelalter reicht. ›Wassailings‹ sagen wir dazu. Darin steckt ein altes Wort aus unserer Sprache. ›Waes hael‹. Daraus wurde später ›Be well‹, und auch ›be of good health‹. Bei diesem Brauch stellten die Armen vor den Häusern der Reichen einen Krug ab. Sie hofften, dass der Krug mit einer Gabe gefüllt würde. Mit heißem Bier oder Cider. Oder mit Essbarem wie Bratäpfel, Eier, Zucker.«

Sie hätten mit der Underground fahren können, aber Stefan wollte lieber eines der berühmten Londoner Taxis nehmen. Wenig später saßen sie in einem *Black Cab*. Der sympathische indische Fahrer manövrierte das schwarze Ungetüm durch den dichter werdenden Verkehr. Stefan war es recht, dass sie nicht allzu schnell vorankamen. So blieb ihm mehr Zeit, die Umgebung zu genießen. Von der Underground aus hätte er das alles nicht gesehen. Ihr Ziel war Bayswater, in der Nähe von Kensington Garden und dem Hydepark. Arthur Forrester nannte dem Fahrer die genaue Adresse des Gebäudes mit dem *Sherry Club*.

Stefan hatte sich extra für seine Reise nach London ausführlich mit den verschiedenen Sorten von Sherry und deren Geschichte befasst. Sherry durch seine besondere Note galt als äußerst geschmackvolles, elegantes Getränk. Deshalb schätzten viele Leute, auch die meisten seiner Kunden, Sherry unzweifelhaft als typisch britisch ein. Was bei Weitem nicht zutraf. England trug zwar am meisten dazu bei, das Getränk weltweit bekannt zu machen, doch die Heimat des Sherry ist nicht Großbritannien, sondern das spanische Andalusien. Er stammt aus der Gegend von Jerez de la Frontera. Die Bezeichnung für das Getränk ist gemäß Herkunft streng geschützt. Spanisch *Jerez*. Französisch *Xérès*. Englisch *Sherry*. Nur Sherry-Arten, die aus dieser Gegend kommen und nach genau festgelegten Methoden hergestellt werden, dürfen diesen Namen tragen. Das bestimmt sogar eine eigene Verfügung der EU. Hergestellt wird Jerez oder Sherry aus trockenem Weißwein, der nach vollendeter Gärung mit Branntwein versetzt wird. In der Gegend um Jerez wurde schon vor 3.000 Jahren Wein produziert. Nach England kam der Sherry durch einen Raubzug. Bei der Abwehr der spanischen Armada, die ausgesandt war, um England zu erobern, versenkte Sir Francis Drake viele Schiffe der spanischen Flotte. Er fing dabei eine der Schiffsladungen ab und segelte mit der Beute von 2.900 Fass Sherry zurück in die Heimat. Das genussreiche Getränk wurde bald zum Favoriten der adeligen Oberschicht. Von den vielen Sorten hatte Stefan derzeit vor allem zwei in seinem Angebot. Einen im Preis angehobenen *Oloroso* und einen sehr günstigen *Medium*. Er war sehr gespannt, was ihn in Tonys *Sherry Club* erwarten würde. Zunächst erwartete ihn eine herzliche Begrüßung. Nicht nur durch Tony, sondern durch fast alle der anwesenden Clubmitglieder. Das Klischee der steifen, distinguierten Briten traf auf diese Leute keineswegs zu. Nur ein etwa 50-jähriger untersetzter Mann mit Halbglatze wirkte etwas schüchtern. Er reichte Stefan nicht die Hand wie die anderen, er senkte lediglich leicht den Kopf, machte eine schnelle Verbeugung. Alle Anwesenden hatten in irgendeiner Form mit Sherry zu tun. Einige waren im Getränkegeschäft tätig, andere waren Spezialisten für perfektes Marketing rund um dieses Getränk. Einer war bekannt dafür, elegante und satirische Gedichte über Sherry zu schreiben. Ein junger, hoch aufgeschossener Mann hatte eben einen Film über Sherry und berühmte Sherrygenießer für die BBC gestaltet. Er wurde Stefan als Timothy Carlton vorgestellt. »Eine wichtige Rolle spielen in diesem Film ganz unterschiedliche Persönlichkeiten«, erklärte ihm der junge Mann mit den im Nacken zusammengebundenen langen braunen Haaren. »Dazu gehört etwa Katharina von Aragon, die sich beschwerte, dass ihr Mann, der König, die besten Weine aus Jerez für sich selbst bunkerte. Ferdinand Magellan kommt ebenso vor. Der gilt bekanntlich als Weltumsegler. Vor seiner Abreise kaufte er über 400 Weinschläuche und 250 Weinfässer aus Jerez. Er nahm sie alle mit. Es wurde heftig gebechert bei dieser abenteuerlichen Fahrt. Auch Shakespeare genehmigte sich täglich in einer bestimmten Taverne eine gehörige Menge Sherry. Der Dichter aus Stratford huldigte in seinen Werken dem beliebten Getränk mehr als 40 Mal. Edgar Allen Poe widmete einem Fass Amontillado sogar eine eigene Kurzgeschichte.«

Der Club befand sich im ersten Stock eines stattlichen Gebäudes aus dem 19. Jahrhundert. Die Ausstattung entsprach dem, wie ein nobler englischer Club Stefans Meinung nach auszusehen hatte. Er kannte das von anderen *Gentlemen Clubs* aus Bildern, Filmen und aus dem Internet. »Ja«, bestätigte Tony. »Zu Sherry haben die meisten Leute bestimmte Assoziationen. Dazu passen keine modern gestylten Stühle und extravaganten Glastische. Bei Sherry müssen es gemütliche Fauteuils sein, möglichst in schwarzem Leder. Und Tische aus altem Eichenholz.« Und genau die gab es hier. An den Wänden waren alte Stiche angebracht. Einer davon zeigte einen Teil von Cadiz. In dieser andalusischen Provinz liegt Jerez de la Frontera. Der Club war für seine Mitglieder das ganze Jahr über geöffnet. Man bezahlte zwei Serviceleute, die abwechselnd Dienst hatten. Heute, beim Monatsmeeting, waren beide anwesend. Die meisten Clubmitglieder kamen vorwiegend nur zu den festgelegten Monatstreffen. Die Sitzung begann mit einer Überraschung. Damit hatte offenbar auch der Großteil der Anwesenden nicht gerechnet, Stefan schon gar nicht. Tony war zur großen Eingangstür gegangen. Er öffnete sie und ließ eine Gruppe von Leuten eintreten. Es handelte sich um zwölf Personen, wie Stefan zählte. »Die kenne ich«, raunte ihm Arthur Forrester zu. Stefan hatte neben Tonys Großvater Platz genommen. »Das sind Carol Singers. Die treten auch im Hyde Park auf.«

Die Leute nahmen Aufstellung. Eine von ihnen, eine junge Frau, summte leise einen Ton. Dann begann die Gruppe zu singen.

»We wish you a Sherry Christmas, we wish you a Sherry Christmas, we wish you a Sherry Christmas and a Happy New Year.« Die meisten Clubmitglieder hatten schon beim ersten »Sherry« statt »Merry« Christmas amüsiert reagiert.

»Oh, bring us some figgy pudding. Oh, bring us some

figgy pudding …« Die große Tür öffnete sich erneut, und fünf Herren kamen in würdevoll aufrechter Haltung herein. Sie waren in Frack gekleidet und hielten Silbertabletts in den Händen. Darauf befanden sich tatsächlich kleine Teller mit Feigenpudding. Einige Mitglieder begannen zu klatschen. Die Frackträger schickten sich an, den Pudding zu servieren.

»Good tiding things we bring to you, good tiding things we bring to you …«

Ja, das waren tatsächlich Glücksbotschaften, die da auf alle zukamen. Glück in kulinarischer Form, der Pudding schmeckte ausgezeichnet. Stefan freute sich, bei diesem ebenso unerwarteten wie amüsanten Spektakel dabei sein zu dürfen.

»We wish you a Sherry Christmas and a Happy New Year!«, endete der kleine Chor. Nun brandete fröhlicher Applaus auf. Die Sänger und Sängerinnen verbeugten sich. Auch die befrackten Herren waren in die Mitte des Raumes getreten und nahmen den Applaus entgegen. Die Überraschung war sichtlich gelungen. Tony wies mit der Hand auf Timothy Carlton. Mit ihm zusammen hatte er diese Überraschungseinlage vorbereitet. »Timothy hat in meinem Auftrag drei Werbespots fürs Fernsehen produziert. Die werden morgen fertiggestellt. Ausstrahlungstermine sind bereits gebucht. Wer sich an den Kosten und geschäftlichen Vorteilen beteiligen will, ist herzlich eingeladen. In einem der Spots werden unsere Carol Singers zu sehen sein, wie sie den Zuschauern mit Gläsern in der Hand a ›Sherry Christmas‹ wünschen.« Noch einmal verbeugte sich die Sängerschar und verließ unter großem Applaus den Raum. Die würdevollen Herren im Frack folgten ihnen. Tony griff in seine große schwarze Tasche, die auf dem Boden stand. Er holte daraus eine Flasche hervor, trug sie zu einem kleinen Tisch an der Wand, zu dem alle sehen konnten. Er knipste einen Spot an, der neben dem Tisch postiert war. Nun erstrahlte die Flasche in hellem Licht. Dem Etikett nach schien es sich um einen alten Sherry zu handeln, wie Stefan aus der Entfernung vermutete.

»Das ist ein *Amontillado*, Jahrgang 1891«, begann Tony. »Ich konnte ihn bei meiner letzten Spanienreise für 38.000 Pfund ersteigern. Ehe wir diese Zusammenkunft wie gewohnt kurz nach Mitternacht auflösen, wird diese Rarität von Sherry möglicherweise einen neuen Besitzer haben. Mehr dazu später. Jetzt folgt der Programmpunkt ›Wichtelgeschenke‹.« Ein älterer Herr mit Glatze stand auf und ging in eines der Nebenzimmer. »Das ist Henry Bright, unser Wichtelbeauftragter«, schmunzelte Tony. Stefan beugte sich zu Arthur, ließ sich von ihm erklären, was es damit auf sich hatte. Der Brauch, zu Weihnachten einander mit Wichtelgeschenken zu überraschen, war in England nicht üblich. Tony hatte geschäftlich oft in Deutschland zu tun. Dabei war er auf diese Gepflogenheit gestoßen. Er fand die Idee reizvoll. Deshalb führte er den Brauch im *Sherry Club* ein. Im vergangenen Jahr hatten sie erstmals innerhalb des Clubs Wichtelgeschenke getauscht. Der Herr mit der Glatze erschien wieder. Er schob einen altertümlichen Servierwagen vor sich her. Auf diesem stapelten sich allerlei Geschenke. Jedes Präsent trug einen Anhänger. Darauf stand der Name. Auf allen Schildern war dieselbe Schrift zu erkennen. Auch der Wichtelbeauftragte hatte keine Ahnung, wer das jeweilige Geschenk deponiert hatte oder was es enthielt, wurde Stefan erklärt. Viele der Präsente waren in den letzten Tagen eingetroffen. Der Wichtelbeauftragte hatte für den korrekten Ablauf und die entsprechende Verteilung zu sorgen. Stefan schaute interessiert zu, wie der alte Herr die Ausgabe vornahm. Stefan studierte dabei die Reaktionen der Leute. Tony wurde ein Geschenk überreicht, das seinen Namen trug. Allmählich wurde es lauter im Raum. Die Ersten begannen, das ihnen überreichte Geschenk auszupacken. Andere ließen die Präsente noch auf den niedrigen Eichentischen liegen. Tonys Wichtelgeschenk war eine kleine Holzschachtel, verschnürt mit einer dicken Schnur. Tony nahm sein Glas, prostete seinem Großvater und Stefan zu. Er trank aus, stellte das Glas ab. Dann langte er nach dem Geschenk. Er zog die braune Schnur ab, öffnete die Holzschachtel. Sein Gesichtsausdruck änderte sich. Er war sichtlich irritiert. Offenbar konnte er mit dem Inhalt wenig anfangen. Er hielt seinem Großvater die geöffnete Schachtel hin. Auch Arthur Forresters Miene änderte sich. »Ich habe keine Ahnung, was das ist«, sagte Tony. Sein Schmunzeln wirkte unsicher. »Ich fürchte, ich schon«, flüsterte Arthur. Er wirkte besorgt.

Stefan blickte ihn erstaunt an. Was mochte nur in der Schachtel sein, das Tonys Großvater in Unruhe versetzte? Stefan beugte sich zur Seite, um den Inhalt der Schachtel auszumachen. Ein breites, zusammengelegtes gelbes Band war zu erkennen. Auf dem Band lag das Blatt einer Pflanze mit Stachelspitzen an jeder Seite. Noch etwas bemerkte Stefan in der Schachtel. Es sah aus wie eine Feder. »Hunt the Wren«, murmelte Arthur und schüttelte besorgt den Kopf. Er griff in die Schachtel, nahm die Feder heraus. »Was ist mit dem Zaunkönig?«, fragte Tony und schaute seinen Großvater groß an. Der hielt die Feder hoch. »Daran kannst du dich wohl nicht mehr erinnern, Tony. Ich erzählte es dir, als du noch ein Kind warst und wir einmal durch den Wald spazierten. Wir beobachteten einen Zaunkönig.« Arthur griff nach seinem Sherryglas, blickte sich um. Dann erhob er sich, behielt die Schachtel in der Hand und steuerte auf eine Gruppe von drei unbesetzten Lederfauteuils zu, die etwas abseits standen, weg von den Leuten. Tony und Stefan erhoben sich ebenfalls, folgten ihm. Der alte Mann nahm Platz.

»Wir haben heute über einige Weihnachtsbräuche gesprochen, die bei uns auf der Insel gepflegt werden«, sagte er zu Stefan. Er hielt die kleine Feder in die Höhe, drehte sie langsam. »Darüber sprachen wir nicht. Es ist kein Brauch, auf den wir Engländer besonders stolz sein können. Im Gegenteil.« Er legte die Feder behutsam auf den Tisch. »Das ist die Feder eines Zaunkönigs. Das Töten des Zaunkönigs bringt Unglück, heißt es bei uns. Deshalb sollte man dem Zaunkönig nichts antun. Nur an einem bestimmten Tag ist es anders. Am 26. Dezember, dem Tag des Heiligen Stephan, soll man dem Zaunkönig etwas antun. An dem Tag ist es sogar erwünscht, Zaunkönige zu töten. Früher zogen kleine Jungen in Scharen am 26. Dezember aus, um Zaunkönige zu erlegen.«

»Das hört sich ja furchtbar an«, warf Stefan ein. Der alte Mann nickte. »Das ist es auch.« Er berührte seinen Enkel am Arm. »Du kannst dich nicht mehr erinnern, Tony. Du hast damals geweint, als ich dir davon erzählte.«

»Was steckt dahinter?«, wollte Stefan wissen.

»Es galt, den Heiligen Stephanus zu rächen. Der hatte sich einst in einem Busch vor seinen Verfolgern versteckt. In diesem Gebüsch war auch ein Zaunkönig. Der Vogel begann zu zwitschern. Dadurch wurden die Verfolger aufmerksam. Sie entdeckten Stephanus im Gebüsch, zerrten ihn heraus, führten ihn ab. Dann wurde er gesteinigt. Stephanus gilt in der Geschichte des Christentums als der erste Märtyrer.«

»Vögel zwitschern nun mal«, entrüstete sich Stefan. »Dafür können sie nichts.« Der Alte schüttelte den Kopf. »Die Legende besagt, der Zaunkönig habe den Heiligen Stephanus verraten. Deshalb entstand bei uns dieser unglückselige Brauch. Die von den Jungen mit Steinen getöteten Zaunkönige wurden an einen Stab genagelt. Dieser Stab wurde mit bunten Bändern geschmückt.« Arthur tastete in die Schachtel, holte das gelbe Band heraus, legte es neben die Feder. »Der Stab mit dem getöteten Zaunkönig wurde mit Zweigen geschmückt. Die stammen von einem ganz bestimmten Baum.« Er nahm das Blatt aus der Schachtel, legte es neben Band und Feder. »Dieser Baum ist die Stechpalme.« Stefan horchte erstaunt auf. Darin besteht also der Zusammenhang, durchfuhr es ihn. Das Geschehen vom Vormittag fiel ihm ein. »Deck the halls with boughs of holly«, hatten die Kinder gesungen. Er hatte gleich nach Ende der Schulstunde im Übersetzerprogramm nachgeschaut. Holly war der englische Name für die Stechpalme. Tony hatte seinem Großvater ebenfalls mit ungläubigem Staunen zugehört. Er ließ seine Augen über einige Personen aus der Umgebung gleiten. »Ich kann mir nicht vorstellen, wer mir dieses Wichtelgeschenk machte. Und ich verstehe auch den Sinn nicht.« Er drehte sich zu seinem Großvater. »Hast du eine Ahnung, was das bedeutet, Grandpa?« Der alte Mann schüttelte gedankenversunken das Haupt. »Nein, ich weiß es nicht. Es ist mir ein Rätsel.« Da haben wir es, pochte es in Stefans Kopf. Es war keine drei Stunden her, da hatten Arthur und er noch im *Sherlock-Holmes-Pub* gesessen. Hoffentlich gäbe es heute nicht noch einen schwierigen Fall zu lösen, hatte Stefan geblödelt. Und jetzt war er da. Ein schwieriger Fall mit undurchsichtigen Rätseln. Eine Feder, ein Blatt, ein Band. Hinweise auf den alten Brauch »Hunt the Wren«, wie Arthur vermutete. Aber was hatte das zu bedeuten? Nichts Gutes, argwöhnte Stefan. Und wenn er die besorgte Miene des alten Mannes an seiner

Seite betrachtete, befürchtete dieser Ähnliches. »Also, mein lieber Sherlock«, sagte Stefan und bemühte sich, unbeschwert zu klingen. »Wie gehen wir vor?« Arthur schenkte ihm ein mildes Lächeln. »Mein lieber Watson, in dem Fall sind Sie der weitaus Jüngere. Es wäre gut, wenn Sie in die Rolle von Mr. Holmes schlüpfen könnten.«

Stefan atmete tief durch, hob verlegen die Schultern an. Ihm wäre die Rolle von Doktor Watson lieber. Er hatte so gut wie keine Ahnung von alten englischen Bräuchen. »Hunt the Wren« war ihm noch nie untergekommen. Tony erging es ähnlich, wie Stefan bemerkte. Sein Grandpa hatte ihn zwar einst über diese grausame Sitte aufgeklärt. Doch das war Tony offensichtlich entfallen. Stefan prüfte den großen Raum ringsum. Alle Clubmitglieder gut einzusehen, war von seinem Platz aus nicht möglich. Lediglich die, die in der Nähe saßen, waren ganz gut zu überblicken. Offenbar gab es jemanden im Saal, dem der alte Brauch durchaus geläufig war. Aber was steckte hinter der Andeutung mit den mysteriösen Requisiten in der Schachtel, die Tony erhalten hatte? »Denk nach, mein Junge«, forderte ihn der Großvater auf. »Hast du irgendetwas mit Vögeln oder mit Stechpalmen zu tun?« Tony schüttelte den Kopf. »Ist es möglich, dass es um Verrat geht? Kann sich jemand durch dich verraten fühlen?«

»Ich zermartere mir schon die ganzen Zeit den Kopf, Grandpa. Aber mir fällt absolut nichts Passendes ein.« Jemand näherte sich ihnen. Das war der Mann mit der

Halbglatze, der Stefan nicht die Hand gereicht hatte. Jetzt kam ihm der Mann bei Weitem nicht so schüchtern vor wie bei der Begrüßung. Stefan richtete sich auf, hob den Kopf. Kam hier die Lösung auf sie zu? War er es, der Tony das verräterische Wichtelgeschenk verpasst hatte? Würde der untersetzte 50-Jährige Tony gleich auf die Schulter klopfen und mit einem fetten Schmunzeln erklären, dass das alles nur ein Scherz sei? Dass er Tony nur gehörig erschrecken wollte. Nein, wurde Stefan sofort klar, dem Mann ging es um etwas anderes.

»Entschuldigung, die Herren, dass ich in euer angeregtes Gespräch platze. Aber ich bin der Ansicht, Tony, wir sollten möglichst bald weitermachen. Es gibt einige, wie ich weiß, die zum nächsten Programmpunkt viel zu berichten haben.«

Tony stand auf. »Du hast natürlich recht, Wesley. Danke, dass du mich daran erinnerst.« Er folgte dem Mann mit der Halbglatze. Der nächste Programmpunkt war mit »Sherry all over the world« überschrieben. Stefan verstand, worum es dabei ging. Jeder, der mochte, war aufgefordert, der Runde mitzuteilen, was er seit dem letzten Meeting Besonderes im Zusammenhang mit Sherry erlebt hatte, das noch nicht allen bekannt war. »Mein lieber Sherlock«, sagte Stefan leise zu Arthur. »Es ist mir doch angenehmer, wenn ich nur Watson sein darf.« Er griff zu seinem Sherryglas, nahm es hoch, stellte es aber gleich wieder ab. »Am liebsten ist mir überhaupt, wenn ich ganz einfach Stefan bin. Stefan, der in die Runde schaut, beobachtet, sich seine Gedanken macht.«

Arthur nickte. Dann griff auch er zum Sherryglas. Aber im Gegensatz zu Stefan stellte er es nicht gleich wieder ab, sondern trank. »Ja, mein lieber Stefan vulgo Watson, beobachten wir gemeinsam. Es wäre gut herauszufinden, wer hinter diesem bedrohlich anmutenden Geschenk steckt. Hoffentlich führt niemand Böses gegen Tony im Schilde. Doch wir können nicht von vornherein davon ausgehen, dass alles nur grober Unfug ist.« Die ersten Clubmitglieder hatten inzwischen mit ihren Ausführungen begonnen. Die beiden Männer trugen helle Anzüge in derselben Farbe und im selben Styling. Sie betrieben zusammen ein Unternehmen, das ausschließlich übers Internet seine Kunden ansprach. Die beiden berichteten, dass sich in den letzten Wochen für sie in Südamerika und vor allem auch in China neue Märkte für den Absatz von Sherry aufgetan hätten. Es ging dabei vorwiegend um *Palo Cortado*, einen speziellen *Fino*-Ausbau. Stefan hörte zu. Gleichzeitig bemühte er sich, in seiner Erinnerung zu wühlen, um auf die passenden Eindrücke zu stoßen, die er sich ins Gedächtnis rufen wollte. Als die Wichtelgeschenke verteilt wurden, hatte er aufmerksam beobachtet, wer auf wen in bestimmter Weise reagierte. Ihn interessierte beim Kramen im Gedächtnis vor allem, wer möglicherweise Tony beobachtet hatte, als dieser sein Geschenk übernahm. Stefan war sich einigermaßen sicher, dass da jemand war, der auf eine bestimmte neugierige Art zu ihnen herübergespäht hatte. Dieser Jemand hatte sogar einen Ausdruck von Verschlagenheit im Blick, wenn er sich recht entsann. Aber wer war das? Es fiel ihm nicht ein, so sehr Stefan sich auch bemühte. Inzwischen gingen die Serviceleute von Tisch zu Tisch und verteilten Tabletts mit kleinen Snacks. Stefan bekam gar nicht mehr mit, was die einzelnen Vortragenden über ihre speziellen Sherry-Erfahrungen der letzten Zeit von sich gaben. Er war zu sehr um sein Erinnerungsvermögen bemüht. Es dauerte fast eine ganze Stunde, dann war der aktuelle Programmpunkt vorbei. Tony hatte die Präsentation moderiert. Auf dem Weg zurück peilte er den kleinen Tisch an. Er löschte das Spotlicht. Dann positionierte er den Tisch mit der ausgewählten Flasche in den vorderen Bereich der Raummitte. »*Amontillado*, Jahrgang 1891. Ersteigert im März. Die Auktion war nicht öffentlich. Nur ausgewählte Leute durften daran teilnehmen.« Er zog aus der großen Tasche eine altertümliche Stoppuhr. Sie war aus rötlichbraunem Holz und auffallend groß. Er stellte die Uhr neben die Flasche auf den Tisch. »Ich werde jetzt gleich eine Frage stellen und dann die Stoppuhr starten. Ihr habt exakt 90 Sekunden Zeit. Kommt nach 30 Sekunden nicht die richtige Antwort, gebe ich einen ersten hilfreichen Hinweis. Kommt darauf immer noch keine richtige Antwort, gibt es nach 60 Sekunden einen zweiten Hinweis. Dann bleiben noch 30 Sekunden. Wird vor Ablauf der Frist die richtige Antwort gegeben, überreiche ich dem Gewinner mit Freuden die Flasche. Erhalte ich nach dem Verstreichen der 90 Sekunden keine richtige Antwort, packe ich den *Amontillado* wieder ein. Alles klar?« Einige bestätigten, dass sie es kapiert hätten. Das Gemurmel im Raum wurde lauter.

»Tony liebt solche Spiele, das mochte er schon als Kind«, raunte Arthur. »In diesem Fall ist ihm der Spaß offenbar sogar 38.000 Pfund wert.« Tony wies zu ihnen herüber. »Dort sitzt mein Grandpa. Viele von euch kennen ihn. Was glaubt ihr?« Er hob mit einem beruhigenden Lächeln beschwichtigend die Hand. »Dies ist noch nicht die Frage, auf die es ankommt. Was glaubt ihr, wie alt ich war, als ich meinen ersten Schluck Sherry bekam?«

»Acht Jahre!«, rief einer. »Elf«, kam als nächste Antwort. »So wie wir dich kennen, warst du erst drei Wochen alt. Und der Sherry kam aus der Mutterbrust«, flachste einer der älteren Männer. Fast alle lachten. Tony grinste. »Ganz so schlimm war es nicht, Archibald.« Er blickte zum Großvater. »Wie alt war ich, Grandpa?« Nun schmunzelte auch Arthur. »Es war an deinem fünften Geburtstag. Deine Großmutter hätte mir danach fast den Kopf abgerissen, als sie es mitbekam.«

»Ja«, gluckste Tony. »Daran erinnere ich mich gut. Und noch etwas anderes habe ich gut behalten. Ich war ganz begeistert, wie gut das schmeckte, das ich hier kosten durfte. In diesem Augenblick war wohl meine große Liebe zum Sherry geboren.« Tony wandte sich zurück. Langsam hob er die Hand, hielt sie flach über den Knopf, mit dem die Stoppuhr zu starten war. »Und hier, werte Freunde, ist nun die Frage, auf die es ankommt. Wer mir innerhalb der Zeit die richtige Antwort sagt, darf den *Amontillado* mit nach Hause nehmen.« Er wartete. Im Raum wurde es schlagartig still. Man hätte das Fallen einer Nadel vernommen. Tony blickte noch einmal in die Runde. Er hob seine Stimme an. »Was für ein Sherry war es, von dem ich an meinem fünften Geburtstag durch die liebenswürdige Großzügigkeit meines Grandpa einen großen Schluck kosten durfte? Die korrekte Antwort muss beides enthalten. Die richtige Sorte und den richtigen Jahrgang. Es gilt.« Er wartete noch einen Moment. »Drei, zwei, eins. Jetzt!« Er schlug fest mit der Hand auf den Knopf. Der Zeiger startete.

»Ein *Oloroso*!«, wurde als erste Antwort herausgebrüllt. Dann fegten mehrere Zurufe durch den Raum. Sortennamen und Jahreszahlen im Durcheinander rauschten daher.

»1830.«

»1905.«

»*Don PX Gran Reserva* 1986.«

»*Fino*.«

»*Manzanilla* 1970.«

»*Amontillado* 1952.«

»*Palo Cortado*.«

»*Pedro Ximenez* 1940.«

Stefan konnte nicht alles deutlich verstehen. Manche Antworten schnellten gleichzeitig daher. Der Zeiger der Uhr war schon bei 25 Sekunden. Tony hob die Hand. Alle blickten ihn gespannt an. Die meisten Zurufer verstummten.

»Dracula«, kam es laut aus Tonys Mund.

Einige rissen die Augen auf. »Was?«, war zu vernehmen. »Wer?«, rief ein zweiter. »Welche Sorte baut Dracula an?«

In den meisten Gesichtern offenbarte sich Ratlosigkeit. Der Sekundenzeiger der Stoppuhr rückte unerbittlich weiter.

»*Moscatel*, 1987«, rief jemand von weiter hinten. »Der schmeckt für mich wie Blut. Den würde nicht einmal Dracula mögen.« Ein paar lachten.

Der Zeiger näherte sich der 50 Sekunden Marke. 51, 52, 53 …

Tony hob wieder die Hand. Exakt als der Zeiger die Markierung 60 erreichte, rief er: »115, 140.«

Jetzt wurde die Ratlosigkeit noch größer.

»115, das meint wohl Jahrgang 1915«, war einer der Jüngeren im Saal zu vernehmen.

»Ich tippe auf *Fino Pasado*.« Tony reagierte nicht. 73, 74, 75 … Der Zeiger war schier unaufhaltsam. 80, 81, 82 …

»Es war ein *Cream*«, kam es laut von ganz hinten. Stefan hob den Kopf, konnte den Rufer aber nicht ausmachen. »Jahrgang 1992.« Im nächsten Moment drosch Tony mit der flachen Hand auf die Uhr. Der Zeiger blieb stehen. Bei 88 Sekunden.

»Ja«, bestätigte Tony. »Das ist genau die richtige Antwort.« Er spähte in die Runde. »Wer immer das gerufen hat, möge bitte zu mir kommen.«

Stefan zuckte zusammen, als er wahrnahm, wer sich auf der gegenüberliegenden Seite des Saales erhob und nach vorne kam. »Das ist er«, entfuhr es ihm halblaut. Arthur bekam es mit, schaute ihn fragend an. »Er muss sich umgesetzt haben, ohne dass es mir auffiel«, murmelte Stefan. Er war sich seiner Einschätzung völlig sicher. Als die Wichtelgeschenke ausgeteilt wurden, hatte der Mann weiter vorne gesessen. Stefan hatte ihn eingehend beobachtet. Er war es, der mit verschlagenem Blick Tony fixiert hatte, als der sein Wichtelgeschenk erhielt. »Das ist doch der Typ, der Gedichte über Sherry verfasst.« Der Mann trat zu Tony.

»Ich gratuliere dir, Rory.« Tony nahm die Flasche, überreichte sie ihm. Fast alle begannen zu applaudieren. Stefan beugte sich zu Arthur, erklärte flüsternd, was ihm vorhin aufgefallen war. Tonys Großvater nickte anerkennend. »Ausgezeichnet, lieber Watson. Hervorragende Arbeit. Den verdächtigen Herrn werden wir uns anschließend gleich zur Brust nehmen.« Noch immer wurde applaudiert. Gut die Hälfte aller Anwesenden war dabei sogar aufgestanden. Tony wartete, bis der Applaus abebbte, dann sagte er zu Rory: »Vielleicht magst du der Runde mitteilen, wie du auf die richtige Lösung kamst.«

Stefan schätzte den Angesprochenen auf rund 30. Er war also in ähnlichem Alter wie Tony und er selbst. »Der Jahrgang war nicht schwer zu erraten«, begann Rory. »Du bist, soviel ich weiß, 1992 geboren. Ich dachte mir gleich, dass dein Großvater einen Sherry deines Geburtsjahres gewählt hatte, um dich an deinem fünften Geburtstag damit zu überraschen und kosten zu lassen. Vermutlich hatte er die Flasche zu deiner Geburt extra dafür erworben.« Rory blickte herüber. Arthur ließ ein zustimmendes Nicken erkennen. »Der Hinweis mit Dracula überzeugte mich dann vollends, dass ich richtiglag«, setzte Rory fort. »Francis Ford Coppolas Film *Bram Stoker's Dracula* mit Gary Oldman und Antony Hopkins kam 1992 in die Kinos.«

»Ja, den Film habe ich damals auch gesehen«, rief einer aus der zweiten Fauteuilreihe. »Großartiger Streifen. Oldman und Hopkins sind eine Wucht.«

Rory hob bestätigend den Daumen. »Der zweite Hinweis verwirrte mich zunächst«, redete er, zu Tony gewandt, weiter. »Was sollten diese beiden Zahlen? Ich dachte mir von Anfang an, dass es wohl eher ein süßer Sherry gewesen sein musste, der einen Fünfjährigen begeistern konnte. Süße Sherrys gibt es bekanntlich einige. Wie sollte ich da den richtigen herausfinden? Zum Glück kapierte ich dann doch noch rechtzeitig, worauf die beiden Zahlen höchstwahrscheinlich hinwiesen. Auf den Zuckergehalt. Es gibt nur einen Sherry, der einen derartig hohen Gehalt zwischen 115 und 140 aufweist, nämlich der *Cream*. Die Antwort musste ich dann schnell geben.«

Tony applaudierte. »Ja, es ging sich gerade noch aus, zwei Sekunden vor dem Ende. Wie bei einem *James-Bond-Film*, wenn es Bond, dem Alleskönner, gelingt, die Uhr, die die Bombe auslöst, Sekunden vor Schluss noch zu stoppen. Und wieder einmal ist die Welt nicht in die Luft geflogen, sondern wurde gerade noch gerettet.« Tony setzte zwei Schritte zurück. Dann verbeugte er sich tief vor Rory. Jetzt standen alle auf und applaudierten. Einige jubelten.

Eine halbe Stunde später hatte Arthur es geschafft, Rory Lion herüberzulotsen. Tony hatte für Rory eines der dunklen Sitzmöbel herangeschoben. Rory hatte die gewonnene Sherryflasche mit. Arthur winkte einen Servicemann herbei. Der füllte wie gewünscht die Sherrygläser wieder an. Mit dem Anstoßen zögerte der alte Mann ein wenig. Offenbar wollte er zuvor etwas sagen. Er kam nicht dazu, denn Rory Lion begann von sich aus zu sprechen. »Dann wollen wir nicht wertvolle Zeit mit unnötigen Ausweichversuchen vergeuden, sondern gleich auf den Punkt kommen. Ja, das Wichtelgeschenk für Tony kommt von mir.« Er blickte Tonys Großvater direkt an. »Ich vermute, es waren Sie, Arthur, der sofort erkannte, worauf das Band, das Stechpalmenblatt und vor allem die Zaunkönigfeder hinwiesen.« Der alte Mann nickte. Rory schaute zu Stefan. »Und deine aufmerksamen Beobachtungen, als Henry die Wichtelgeschenke verteilte, sind mir nicht entgangen.« Er hob das Glas, nickte allen dreien zu, erwies ihnen Reverenz. »Stefans Aufmerksamkeit ist es zuzuschreiben, dass wir dich als den Urheber des Geschenks vermuteten«, begann Tony. Seine Stimme wurde kälter, als er weitersprach. »Wenn man etwas geschenkt bekommt, gebietet die Höflichkeit, sich zu bedanken. Das mache ich hiermit.« Er reichte dem anderen nicht die Hand. Er hob lediglich das Glas, blickte ihn prüfend an. »Ich konnte mir beim besten Willen keinen Reim darauf machen, warum ich ausgerechnet eine Schachtel mit diesem Inhalt von dir bekam. Meinen Grandpa allerdings beunruhigte die mögliche Verbindung zum alten Brauch *Hunt the Wren*.« Rory Lion sagte nichts. Er nickte nur einige Male mit dem Kopf, als überlege er. Dann wandte er sich Stefan zu. »Ich gehe davon aus, dass du inzwischen über den Brauch unterrichtet wurdest.« Stefan nickte. »Wenn du jemandem mit zwei, maximal drei Begriffen erklären müsstest, was der Hintergrund für die Vorgangsweise bei diesem alten Ritual ist, wie würdest du es ausdrücken?«

Stefan überlegte nicht lange, seine Antwort kam schnell. »Das Ausgangsszenario ist Rache. Es geht um Bestrafung für Verrat.«

Rory hob respektvoll das Glas. »Gratuliere. Präziser hätte ich es nicht formulieren können. Du hast es auf den Punkt gebracht.«

Stefan erwartete, dass Tony nun reklamieren würde, er verlange eine genauere Erklärung. Aber er sagte nichts, nahm es offenbar hin. Tonys Großvater hingegen war wesentlich erstaunter. »Wenn ich Sie richtig verstehe, wollen Sie mit diesem Geschenk auf sonderbare Weise andeuten, Sie fühlten sich durch meinen Enkel in irgendeiner Sache verraten?« Rory gab keine Antwort. Seine Augen waren auf Tony gerichtet. Nach einiger Zeit beendete er das Schweigen. »Wie war das im März, Tony?« Der Angesprochene reagierte nicht. Die Frage schien ihm unangenehm zu sein. Zumindest kam es Stefan so vor. »Ich hatte im März geschäftlich viel zu erledigen«, erwiderte er schließlich. »Ich weiß nicht genau, worauf sich deine Frage bezieht.« Der Autor von Sherrygedichten lächelte. »Du weißt, ich hatte zufällig erfahren, dass du im März an einer Auktion um eine wert-volle Flasche Sherry teilnimmst. Ich sprach dich darauf im Februar an. Ich würde zur selben Zeit in Andalu-sien sein. Ich hatte mit meinem Verleger einen Termin in Granada. Ein großer spanischer Verlag wollte einen Band mit einer Auswahl meiner Texte auf Spanisch her-ausbringen. Ich hatte Aussicht auf einen beträchtlichen Honorarvorschuss. Den wollte ich gleich einsetzen, mir etwas Besonderes leisten. Ich fragte dich, ob du es mir ermöglichen könntest, an der Versteigerung teilzuneh-men. Ich hatte großes Interesse an diesem wunderba-ren *Amontillado*.«

Tony lehnte sich zurück, verschränkte die Arme. »Ah, jetzt verstehe ich, was du meinst. Ich schickte dir an dem bestimmten Morgen auf dein Handy die Adresse für die Versteigerung. Der Empfang der Nachricht wurde dei-nerseits bestätigt. Aber du bist am Abend nicht aufge-taucht. Was mich wunderte.«

Rory runzelte auffällig die Stirn, als versuche er, Tonys Verwunderung von damals nachzustellen. »Du weißt genau, warum ich nicht teilnehmen konnte. Deine Nachricht lautete, die Versteigerung finde in Marbella statt. Das war für mich mit dem Auto leicht zu schaffen, keine 200 Kilometer von Granada entfernt.«

»Marbella stimmte. Dort war die Versteigerung.«

»Das bezweifle ich nicht.« Rory verzog sein Gesicht. Zugleich drohte er in gespielter Manier mit dem Zei-gefinger. »Was nicht stimmte, war die Adresse, mein Lieber. In deiner Nachricht war eine falsche Straße angeführt. Das brachte mich in die zugegeben sehr malerische Altstadt. Als ich am Abend zur vereinbarten Zeit an der angegebenen Hausnummer auftauchte, stieß ich dort auf ein Meeting von Historikern, die sich für maurische Architektur interessierten. Aber weit und breit war keine Auktion, bei der man eine bestimmte Flasche *Amontillado* ersteigern konnte.«

»Das tut mir leid, Rory. Vielleicht hast du meine Nachricht nicht richtig gelesen. Ich muss allerdings einräumen, es kann durchaus sein, dass ich in der Eile etwas durcheinanderbrachte. Wie gesagt, ich war sehr eingedeckt mit Terminen und Anfragen.«

»Es könnte sein, dass du dem Schicksal etwas nachgeholfen hast. Denn dass ich großes Interesse am Erwerb dieser Rarität von 1891 hatte, war dir klar.«

»Nein, Rory, da tust du mir aufrichtig Unrecht.« Für Stefan klang Tonys Protest nicht überzeugend. Aus der kopfschüttelnden Reaktion des alten Herrn an seiner Seite vermeinte Stefan zu schließen, dass auch Arthur seinem Enkel die betonte Aufrichtigkeit nicht ganz abnahm.

Rory setzte ein süffisantes Grinsen auf. »Wie auch immer, Tony. Mein Wichtelgeschenk sollte dir ein wenig Schrecken einjagen. Das war meine Form von Rache. Aus meiner Sicht ist das gelungen. Ob zu Recht oder zu Unrecht, sei dahingestellt. Ich schlage vor, wir belassen es dabei.« Er griff zur alten Flasche, drückte sie an seine Brust wie ein kleines Kind. »Im März war es mir nicht vergönnt, um den Erwerb dieses besonderen Sherrys mitzubieten. Doch das Schicksal meinte es offenbar gut mit mir. Denn nun gehört der außergewöhnliche *Amontillado* doch noch mir. Den Göttern sei gedankt.« Er griff in die Tasche seines Sakkos, holte einen Hunderteuroschein heraus. »Du weißt sicher, wie der alte Brauch weiter abläuft, Tony. Die Buben schwärzten sich früher das Gesicht und zogen von Haus zu Haus. Sie sangen Lieder, wie sie den Zaunkönig, den Verräter, getötet hatten. Dann baten sie die Zuhörer um eine Spende. Für einen guten Zweck. Alle, die Geld gaben, bekamen zum Dank eine Feder vom Zaunkönig.« Er drückte Tony den Schein in die Hand. »Hier ist meine Spende. Sie dir zu überreichen, hat sicher einen guten Zweck. Zum Dank bekomme ich von dir dann noch eine Feder. Du musst keinen Zaunkönig deswegen töten, lieber Tony. Du hast eine Feder. Sie liegt in der Wichtelschachtel.« Er stand auf, verbeugte sich tief. Dann schritt er langsam davon wie ein König, der den Thronsaal verlässt. An Arthur war ein schlaues Lächeln auszumachen. »Ich muss sagen, geliebter Enkelsohn, insgesamt war das eine sehr elegante Retourkutsche.«

Tony hob entrüstet die Hände. Sein empörter Ausdruck gelang ihm allerdings nur schwach. Sein Großvater lächelte immer noch verschmitzt. »Selbstverständlich liegt es mir fern zu glauben, dir ging es bei der Weitergabe einer irrtümlich falschen Adresse darum, einen ebenso kauffreudigen wie zahlungskräftigen Konkurrenten loszuwerden.«

Eine schwache Röte legte sich auf Tonys Wangen. »Selbstverständlich nicht, wo denkst du hin, Grandpa.«

»Eben. Wir machen alle Fehler. Das kann einem schon mal passieren.« Einerseits schaffte es Tony nicht ganz, das aufkommende Lächeln zu unterdrücken. Andererseits war ihm anzumerken, dass er sich unwohl fühlte und ihm die Angelegenheit ein wenig peinlich war.

Stefan fasste einen Entschluss. Er griff zum Glas, stand auf. Gleich darauf ließ er seine Tenorstimme erschallen. Es dauerte nicht lange, dann stimmten die meisten im großen Meetingsaal des Clubs in den Gesang mit ein.

»We wish you a Sherry Christmas, we wish you a Sherry Christmas, we wish you a Sherry Christmas and a Happy New Year.«

4 DREI ENGEL UND EIN MORD

»Jingle bells, jingle bells, jingle all the way …« Das hörte sich gut an. Sabrina war von ihrer Stimme begeistert. Seit sie den neuen Wagen hatte, musste sie auch nicht mehr brüllen beim Singen, um sich selbst zu hören. Der Motor des neuen Autos war erheblich leiser als der des alten, hörte sich an wie feines Schnurren. »Oh, what fun it is to ride in a one horse open … Mist!« Ihr rechter Fuß schnellte auf die Bremse. Wildes Gehupe hinter ihr. »Jaja, ich fahre schon wieder.« Sie hatte gar nicht vorgehabt zu bremsen. Es war einfach passiert. Ojemine! Jetzt hatte sie doch glatt die rote Sporttasche im Geschäft stehen lassen. »Hast du dein Hirn wieder mal auf Kurzurlaub geschickt, Sabrina«, knurrte sie und drosch mit der Linken auf das Lenkrad. In der Tasche waren auch die Glücksbringer. Die geschnitzten Schornsteinfeger hatte sie sich extra aus Tirol kommen lassen. Also rasch zurück! Blinker raus, rechts ranfahren an die Bushaltestelle. Da ließ sich bequem das Auto wenden. Vielleicht war es ein Wink des Schicksals gewesen, der dafür sorgte, dass sie einen Grund hatte umzukehren. Vielleicht war es ein Zeichen, das Vorhaben besser abzubrechen, den Weg ins Lahnentalgebirge nicht fortzusetzen. Immerhin wäre Sabrina vieles erspart geblieben. Dabei zu sein, als man die Leiche fand. Der tiefe Schreck, der sich ihr einbrannte, als ihr gewiss wurde, dass es sich dabei um Mord handelte. Die Vorsehung hatte es gewiss gut mit ihr gemeint. Ein Anlass umzudrehen war gegeben. Sie hätte daraufhin daheimbleiben können. Später dachte sie oft über diesen Wink nach. Aber in dem Moment schenkte sie der hilfsbereiten Fügung keine Beachtung. Sie war voll damit beschäftigt, den Wagen zu wenden, sich in den Verkehr einzuordnen, darauf zu achten, möglichst wenig Zeit zu verlieren. Keine zehn Minuten später war sie zurück in der Jakobstraße. Vor vier Jahren hatte sie den Schritt in die Selbstständigkeit gewagt. Einen großzügigen Bankkredit zu ergattern, war nicht einfach. Aber wenn Sabrina sich erst einmal etwas in den Kopf gesetzt hatte, dann zog sie es auch durch. Sie hatte das aufgelassene Gemüsegeschäft gekauft und darin ihren eigenen Frisiersalon eingerichtet. *Komm doch hair. Frisiersalon Sabrina Mautz.* Der Geschäftsname war auch von ihr. Fünf Kisten Champagner hatte sie zur Eröffnung gekauft. Die Eröffnungsparty hatte bis 4 Uhr früh gedauert. Das erste Jahr im neu eröffneten Salon war beinhart gewesen. Doch inzwischen lief das Geschäft gut. Sabrina konnte sich jetzt schon drei Angestellte leisten. »Hi, Chefin, dachte mir schon, dass du flugs wieder auftauchen wirst. Habe es leider selber erst vor einer Minute geschnallt, dass du sie vergessen hast. Hier ist die Tasche.«

»Danke, Fjella.« Sie nahm ihr die hingehaltene Tasche ab. »Vergesst nicht, die Jalousien ganz herunterzulassen, wenn ihr dann abschließt.«

»Geht klar, Chefin. Mit den zwei Kundinnen sind wir bald fertig, dann machen wir alles dicht.«

Obwohl gerade am Silvestertag viel los war, hatte Sabrina sich heute bereits um 12 Uhr selbst freigegeben. Ihr Team würde auch ohne sie zurechtkommen.

»Also, Chefin, gute Fahrt. Und einen picobello geilen Rutsch ins Neue Jahr.«

»Danke, wird schon schiefgehen.«

Fjella war am längsten bei ihr. Vor drei Jahren hatte sie der 30-Jährigen, die einen Job suchte, eine Chance gegeben. Und es bis heute keine Sekunde bereut. Im Gegenteil. Fast alle Kundinnen schwärmten von der pummeligen Rothaarigen. Dass Fjella viel quasselte, störte niemanden. Sie verstand ihr Handwerk bestens. Beim Glossing konnte ihr keiner etwas vormachen, auch Sabrina selbst kam nicht an Fjellas Gespür für den für jede Kundin passenden Glanz heran. Sie rauschte aus dem Salon, schleuderte die rote Tasche auf den Rücksitz. Dann ließ sie den Wagen aus der Parklücke schnellen. War das zu rasant gewesen? Hatte es die Tasche vom Rücksitz gefegt? Egal, die Schornsteinfeger waren gut verpackt. Auch für die kleinen Glücksschweinchen hatte sie eine passende Schachtel aufgetrieben, um die fragilen Glasfiguren zu schützen. Sie erreichte die Hauptstraße, die aus der Stadt führte. Es drängte sie, zügig voranzukommen. Doch sie hielt sich streng an die vorgeschriebene Geschwindigkeitsbeschränkung. Die Strafmandate der letzten zwei Monate hatten sie ein kleines Vermögen gekostet. Da musste nicht unbedingt noch etwas dazukommen. Auf der linken Seite zog das lang gestreckte Bankgebäude mit den großen Solarkollektoren auf dem Dach vorüber. Dort hatte sie vor vier Jahren den günstigen Kredit ergattert. Bremsen, Sabrina! Sie hielt rechtzeitig vor der Ampel an, die Rot zeigte. Was war das eben für eine Frage gewesen, die durch ihren Kopf gehuscht war? Komm, Sabrina, Gedanken ordnen. Und konzentrier dich auch auf den Verkehr. Das Ampellicht wechselte auf Gelb, sprang dann auf Grün. Sie gab Gas. Habe ich die Mentalkapseln eingepackt? Das war die Frage gewesen. Beinahe hätte sie den Kleinbus übersehen, der sie überholte. Sie war mit dem Wagen wohl zu weit nach links geraten. Der Fahrer mit der schwarzen Baseballkappe schüttelte wütend den Kopf. Ja, ist schon gut, Alter, cool down! Jetzt hast du wieder Platz genug. Die Kapseln? Seit einem Jahr nahm sie ganz bestimmte Mittel fürs Gehirn. *Nootropika* sagte man auch dazu. Das waren Arzneimittel, die einem halfen, Konzentration, Gedächtnisleistung sowie kognitive Fähigkeiten zu stärken. Doch, ganz sicher, sie hatte die kleine Flasche mit den Kapseln eingepackt. In den grauen Hartschalenkoffer. Die Arznei enthielt unter anderem Rosenwurz und ausgesuchte B-Vitamine. »Das sind alles hervorragend gedächtnisstärkende Wirkstoffe«, hatte ihr die Apothekerin ihres Vertrauens erklärt.

Eine andere Frage schnellte ihr auf einmal in den Kopf. Was war mit dem Blei? Hätte das auch sie besorgen sollen? Sie gab sich Mühe, auf den Verkehr zu achten. Gleichzeitig grübelte sie intensiv nach. Nein, kam ihr in den Sinn, das war nicht ihre Aufgabe. Das Blei und was sonst noch für die Orakelbräuche nötig war, würde Hedy mitbringen. Genau so hatten sie es ausgemacht und nicht anders. Sie blinkte, wechselte die Spur. »Dashing through the snow in a one-horse open sleigh …«

Na ja, hier im Stadtgebiet war nichts mit »dashing through the snow«. Es hatte einmal Ende November kurz geschneit. Das war es dann gewesen. In höheren Lagen sah es zum Glück anders aus. Sie hatte tolle Bilder von verschneiten Hängen im Fernsehen gesehen. Sie erreichte den Stadtrand, bog ab zur Autobahn. Hier konnte sie endlich schneller fahren. In einer halben Stunde würde sie die Überlandstraße verlassen und direkt den Weg ins Gebirge ansteuern. »Over the fields we go laughing all the time …« Ja, sie würden gewiss viel lachen. Sabrina freute sich darauf, bald ihre beiden Engelschwestern in die Arme schließen zu können. Sie hatten sich wenig getroffen in letzter Zeit. Gechattet, gequatscht und geblödelt hatten sie schon bisweilen. Aber um Natascha und Hedy persönlich zu treffen, blieb meist wenig Zeit. Sogar beim *Badminton* war es schwierig gewesen, gemeinsame Termine zu finden. Dabei liebten sie es alle drei, sich bei diesem Ballspiel gehörig zu matchen. Hedy war zweifellos die Beste von ihnen. Sie war heuer sogar Klubmeisterin bei den Damen geworden. Sabrina lachte, dachte an das berauschende Siegerabschlussfest. Sie selbst hatte erst vor drei Jahren mit *Badminton* angefangen. Natascha spielte schon länger. Mit ihr konnte Sabrina es inzwischen gut aufnehmen. Im Grunde war der *Badminton*-Klub schuld daran, dass aus ihnen Engel geworden waren. Für das heurige Gschnas hatte der Klub das Faschingsmotto *Seasonkings and Seasonqueens* ausgegeben. Man sollte sich entsprechend verkleiden, um als beliebte Figuren aus bestimmten TV-Serien zu erscheinen. Anfangs hatten Hedy und sie über Nataschas Vorschlag eher gewitzelt. Doch dann hatten sie zugestimmt, als *Drei Engel für Charly* aufzutreten. Fernsehserien aus den 70er- und 80er-Jahren des vorigen Jahrhunderts waren Nataschas große Leidenschaft. Es war schnell klar, dass Sabrina in die Rolle der Serienfigur *Sabrina Duncan* schlüpfte. Immerhin hatten sie beide denselben Vornamen. Hedy übernahm *Kelly Garrett*. Natascha hatte sich in *Jill Monroe* verwandelt. Immerhin hatte sie eine ähnlich beeindruckende blonde Mähne wie Schauspielerin Farrah Fawcett in der Rolle. Natascha fand auch Gefallen daran, sich im Alltag ein sexy Outlook zu verpassen. Im Klub versuchte gewiss mehr als die Hälfte aller Männer, sich an Natascha heranzumachen. Mancher wollte auch mehr, als nur mit ihr zu flirten. Ob das Nataschas Ehemann störte, konnte Sabrina schwer beurteilen. Der ein wenig plump und kugelig wirkende Fridolin Welling spielte kein *Badminton*. »Mein Göttergatte treibt überhaupt keinen Sport«, ließ Natascha einmal durchblicken. Außer Schach. Aber das ist sinnloses Figurenherumgeschiebe und kein Sport. Ab und zu holte Fridolin Welling seine Frau mit der Mercedes

Limousine vom Klub ab. Das war die größte Annäherung an *Badminton*, die er sich gestattete. Immerhin hatte er sich heuer von Natascha überreden lassen, für die drei Engel beim Gschnas als *Charly* mitzuwirken. In der Fernsehserie war *Charly* nie zu sehen. Dort war nur seine Stimme zu hören. Doch sie wollten einen für alle sichtbaren *Charly* beim Gschnas dabeihaben. Der gute Fridolin hatte sich beim Faschingstreiben sichtlich unwohl gefühlt. Das war von Anfang an für alle zu erkennen. Er hatte die ihm zugedachte Rolle miserabel ausgefüllt. Da hatte Sabrina der Herr Bankdirektor heuer im Herbst in seiner Rolle als *Hercule Poirot* weitaus besser gefallen. Bankdirektor Fridolin Welling war Mitglied einer recht engagierten Amateurtheatergruppe. Unterstützt wurde das Laientheater von einigen Sponsoren. Der großzügigste von ihnen war Hedys Mann. Fabian Klang trat auch für andere Vereine als spendabler Mäzen in Erscheinung. Seine Unternehmensgruppe für Baumaschinen warf ordentlich Gewinn ab. Das wusste Sabrina. Und auch Hedy selbst verdiente als gefragte Energieexpertin mit zwei Büros im Ausland ganz ordentlich. So war es für die beiden auch ein Leichtes gewesen, sich vor zwölf Jahren das Haus in den Bergen errichten zu lassen, zu dem Sabrina jetzt unterwegs war. In diesem Haus empfingen die Klangs oft Geschäftspartner und Freunde. Dieses Jahr waren erstmals auch Sabrina und Natascha eingeladen worden. »Fabian und ich freuen uns sehr, wenn ihr auf unserer bescheidenen Hütte mit uns Silvester feiert«, hatte

Hedy gesagt. Natascha und sie hatten gejubelt und die Freundin umarmt. Das würde garantiert ein mega Happening. Die *Drei Engel* gemeinsam bei einer Silvesterparty im Gebirge, da würden sie es krachen lassen. Hedy hatte natürlich auch Nataschas Mann mit eingeladen. Also hatten die *Drei Engel* auch ihren *Charly* mit dabei. »Making spirits bright. What fun it is to ride and sing a sleighing song tonight …«

Sabrina kam gut voran. »Von der Autobahnabfahrt bis zu uns brauchst du nur mehr eine knappe Stunde«, hatte Hedy ihr mitgeteilt. Sabrina schaute auf die Uhr. Dann würde sie wohl gegen 15 Uhr am Ziel sein. Die Fahrt durch das Tal offenbarte sich als angenehm. Auf den Feldern links und rechts der Straße waren bereits größere Reste von Schnee auszumachen. Der Berg, auf dem das Anwesen lag, war gut 1.800 Meter hoch. Dort war es garantiert rundum weiß. Sabrina freute sich darauf. »Jingle bells, jingle bells, jingle all the way …« Sie erreichte den Talschluss. Nun begann die Straße schnell anzusteigen. »Vorsicht Glättegefahr« blinkte es am Armaturenmonitor auf. Das hätte sie auch ohne Computerwarnung mitbekommen. Schon in der dritten Kurve war ihr Wagen leicht ins Rutschen gekommen. Achtung, Glatteis. Sie fasste das Lenkrad fester. Reiß dich am Riemen, Sabrina, kommandierte sie innerlich. Lass augenblicklich in deine Birne flutschen, was du vor zwei Jahren beim Winterfahrtechnikkurs gelernt hast. Kein ruckartiges Lenken, hatte der Trainer immer wieder betont. Kontrolliertes Bremsen. Niedrige Motordrehzahl. Gut, dass ich heute Vormittag noch eine Konzentrationskapsel extra nahm, dachte sie. Es einmal mit Gedächtnisarzneimitteln zu versuchen, dazu hatte ihr Fjella geraten. Sie selbst nahm solche Medikamente schon seit längerer Zeit. Damit die beiden die Arzneien während der Arbeitszeit nicht verwechselten, hatten Sabrina und Fjella vereinbart, ihren Namen auf den jeweiligen Behälter zu schreiben. Verdammt, das war knapp. Sie hatte schon wieder zu ruckartig gelenkt. Die kurvige Straße war tatsächlich spiegelglatt. Gebremst hatte sie aber vorsichtig. Der Wagen geriet zwar leicht ins Rutschen, aber mehr passierte nicht. Er blieb auf der Straße. Langsam lenkte sie das Gefährt weiter. Der Himmel war schon seit dem Morgen von einer dunklen Wolkendecke verhüllt. Je höher sie den Berg hinaufkam, desto dichter erschienen ihr die Wolken. Zwischendurch zog auch immer wieder Nebel auf. Der lichtete sich erst, als die Straße nicht mehr steil anstieg, sondern flacher wurde. Und da sah sie es. Das Anwesen war gut auszumachen. Sie gab Gas. Hey, Hedy, du ausgefuchste Untertreiberin, ätzte sie, als sie näher heranfuhr. Hast du dir wieder einen Spaß daraus gemacht, gehörig zu untertreiben? Von wegen »bescheidene Hütte«. Das war ein stattliches Haus von imposanter Größe. Zweistöckig, gebaut aus Lärchenholz, wenn sie das richtig erkannte. Es gab sogar etwas abseits des Hauses eine geräumte Abstellfläche für Autos. Sabrina parkte den Wagen. Schon als sie die Tür öffnete, vernahm sie Jubel. Ihre beiden Engelschwestern stürmten auf sie zu. Die Begrüßung verlief

ausgelassen. »Kann ich dir mit dem Gepäck helfen?«
Gleich hinter den Frauen erschien Fabian. »Ja, danke,
das wäre super.«

»Und ich habe hier etwas Wärmendes für unsere süße
Coiffeuse.« Ein dunkelhaariger Mann tauchte neben
Fabian auf. Er hielt ihr einen Keramikbecher entgegen.
Die rote Flüssigkeit darin dampfte leicht. Schon als er
vor vier Monaten zum ersten Mal in der *Badminton*-
Halle erschienen war, hatte Sven Hartmann sofort die
Blicke aller auf sich gezogen. Auch Sabrina hatte augenblicklich heißes Kribbeln gespürt, als sie dem attrakti-
ven Mann zum ersten Mal gegenüberstand. Er erinnerte
sie an Antonio Banderas. Zumindest als der spanische
Schauspieler noch jünger war. Die *Maske des Zorro* hatte
sie sich auf DVD garantiert schon 20 Mal reingezogen.
»Oh, danke, Sven.« Auch jetzt vibrierte ihre Stimme, als
sie ihm in die Augen blickte. Sie verspürte leicht Feuch-
tes in der Schamgegend. Reiß dich zusammen, Sabrina.
Wir sind hier nicht auf dem Schulhof, wo der Schönling
aus der Parallelklasse auftaucht. Sie nahm den Becher.

»Glühwein ist super. Genau danach verlangt mein
Körper jetzt.« Sven setzte ein verführerisches Lächeln
auf. »Wenn er noch nach anderem verlangt, lass es mich
wissen, meine Süße.« Sie trank. Aus den Augenwinkeln
sah sie, wie eine ihrer Engelschwestern mürrisch das
Gesicht verzog. Sven strich Natascha über die Wange,
hakte sich bei ihr unter, führte sie zurück zum Haus.

»Wie war die Fahrt, meine Liebe?« Hedy nahm Sabrina am Arm.

»Ganz passabel. Ich musste kurz umkehren, hätte beinahe die Glücksbringer vergessen.« Hedy lachte. »Mir ging es mit den Requisiten fürs Orakel ähnlich. Aber ich hatte ja zum Glück Fabian an meiner Seite. Er ist stets umsichtig und bestens organisiert, wie du weißt. Also haben wir alles da, was wir brauchen.« Sie führte Sabrina ins Haus, zeigte ihr das Gästezimmer im großzügig angelegten Obergeschoss. Die Räume trugen alle Blumennamen, hatten auch die entsprechenden Abbildungen aus Holz an den Türen. Sabrina bekam das Zimmer mit der Alpennelke zugewiesen. Sie räumte ihre Kleidung in den schmucken Bauernkasten, der neben dem Fenster stand. Dann begab sie sich wieder hinunter zur großen Stube im Erdgeschoss. Fridolin kehrte eben von einem kurzen Spaziergang zurück, wie sie mitbekam. Sie hatte den gestrengen Herrn Bankdirektor schon einige Zeit nicht mehr gesehen. Er trug immer noch den Schnurrbart, wie ihr auffiel. Er hatte ihn sich extra für seine Rolle als *Poirot* wachsen lassen. Die Theateraufführungen waren Anfang September über die Bühne gegangen. Der Schnauzer war inzwischen noch um einiges üppiger geworden. Fridolin hatte sich für Poirots Schnurrbart das Aussehen von David Suchet als Vorbild genommen. Der Schauspieler hatte die Rolle von Agatha Christies Detektiv 24 Jahre lang in einer britischen Fernsehserie verkörpert. Mit 70 Episoden in 13 Staffeln. Sabrina hatte sich von Natascha eine der DVDs ausgeliehen und festgestellt, dass der leicht untersetzte Fridolin Welling tatsächlich eine gewisse Ähnlichkeit mit dem TV-Detektiv aufwies. Die Enden von Fridolins Schnurrbart waren jetzt sogar noch weiter aufgezwirbelt als im Herbst.

»Guten Tag, Sabrina.« Fridolins Händedruck fühlte sich fast schmerzhaft an. Er presste seine Finger fest gegen ihre. Sabrina kannte das schon an ihm. Dann ließ er ihre Hand los und ging mit steifen Schritten aus der Stube. Offenbar stakste er nach oben, wie sie dem Poltern auf der Treppe entnahm. Fabian stellte ihr dann den Gast vor, dem sie noch nie persönlich begegnet war. Lediglich aus Hedys Schilderungen kannte sie ihn ein wenig. Dominic Stroll war schlank und hochgewachsen. Er musste so um die 50 sein, schätzte sie. Seine dunkelblonden Haare wiesen einige graue Strähnen auf. Er war Hochschullehrer für Französisch und Geschichte. Er war, so wie Fabian, begeisterter Marathonläufer. Beim Marathon in Wien hatten die beiden sich vor einigen Jahren kennengelernt. Seitdem waren sie befreundet. Im Gegensatz zu Natascha, Fridolin und ihr selbst war Dominic schon öfter zu Feiern im Berghaus eingeladen worden.

Das Abendessen war für 19 Uhr angesetzt. Sabrina hatte zu Hause noch überlegt, was sie für die Silvesterfeierlichkeit anziehen sollte. Wer weiß, wie kalt es in den Bergen war, selbst wenn sie in einer Hütte waren. Sie hatte sich dann aber doch entschlossen, ihr rosafarbenes Cocktailkleid mitzunehmen, auch wenn sie keine Ahnung hatte, dass sie nicht in einer Hütte, sondern in einem prächtigen Haus zu Gast sein würde. Sie hatte recht getan. Der Kachelofen in der großen Stube verbreitete wohlige Wärme. Zur Einstimmung servierten Hedy und Fabian erfrischenden Holunder-Fizz mit Birne. Die Cracker dazu schmeckten zart nach Koriander. Danach gab es gebeizten Lachs, veredelt mit Dill, Wacholder und Limette. In dieser anspruchsvollen kulinarischen Qualität ging es weiter. Sechs Gänge insgesamt umfasste das Diner. Kaum hatte Fabian den Rest der französischen Käseplatte abgeräumt, legte Natascha schon los. »Und jetzt wird georgelt ... ich meine ...«, ihre Stimme klang krähend. Sie wirkte beschwipst. Sie hatte bisher auch am meisten von allen getrunken, wie Sabrina aufgefallen war. »Blödsinn, natürlich nicht georgelt ...«

»Vielleicht gevögelt?« Die Bemerkung kam von Sven. Sein Antonio-Banderas-Lächeln kam Sabrina jetzt etwas doof vor. »Da melde ich mich gleich als Erster.« Natascha kicherte, streckte ihm das leere Glas hin. Sven griff zur Champagnerflasche, schenkte ihr nach. Dass Fridolin sich mit erstarrtem Gesicht zur Seite wandte, entging Sabrina nicht.

»Gevögelt auch nicht. Das kommt später. Jetzt wird georakelt, wollte ich sagen. Ich freue mich schon die ganze Woche darauf.« Natascha trank das Glas in einem Zug leer. »Kann man das überhaupt sagen?« Ihr Zungenschlag war schwer. »Ge-orakelt? ... Egal. Let's start. Wir wollen jetzt das Orakel befragen.«

Das überdrehte Benehmen ihrer Engelschwester war Hedy sichtlich peinlich. »Bleigießen zu Silvester ist sicher keine Erfindung unserer Zeit«, sagte sie schnell. »Das gibt es gewiss schon länger.« Sie wollte wohl von Nataschas Auffälligkeit ablenken, blickte Hilfe suchend zum Hochschullehrer.

»Das Orakel auf diese Weise zu befragen, dieses Ritual gibt es seit vielen Jahrhunderten«, griff Dominic Stroll Hedys stumme Aufforderung auf und fuhr in dozierendem Tonfall fort: »Auch bei den alten Römern war es Tradition, zum Jahreswechsel Blei zu schmelzen und es rasch in Wasser abzukühlen. An den daraus entstandenen Figuren und Gebilden wollte man dann deuten, was Fortuna, die Göttin des Schicksals, in naher Zukunft für einen bereithielt.«

»Dann lasst uns deuten«, legte Natascha los. »Ich will wissen, was Fortuna bringt, diese verschwörerische Hure.«

Dass für einen aus der Runde die nahe Zukunft den Tod bringen würde, konnte Sabrina zu dem Zeitpunkt nicht ahnen. Zu Mittag hätte sie noch wegbleiben können. Fortuna hatte ihr einen Weg aufgezeigt. Umkehren, zu Hause bleiben. Doch sie war dem Wink des Schicksals nicht gefolgt, sie war nicht weggeblieben. Jetzt war es zu spät, dem Schicksal zu entkommen.

»Also her mit dem Blei«, gurrte Natascha und streckte Sven das leere Glas hin.

»Es gibt kein Blei«, beeilte sich Hedy zu sagen. »Wir verwenden seit Langem dieses giftige Schwermetall nicht mehr. Bleidampf einatmen kann zu Gesundheitsschäden führen. Das will ich uns allen nicht antun.

Ich habe für heute Zinn gekauft. Das ist ungiftig und schmilzt um einiges früher als Blei.«

»Zinn?«, krähte Natascha. »Was ist denn das für ein komischer Brauch? Ich hoffe, du hast keine Wäsche aufgehängt, liebe Engelschwester. Mir hat mal jemand erzählt, Wäsche aufhängen darf man zu Silvester auf keinen Fall. Da presch...« Sie kämpfte mit dem schweren Zungenschlag. »Da presch... ja, da prescht schon das Unglück daher.«

Hedy richtete ihre Augen wieder Hilfe suchend auf Dominic. »Ja, dieser Brauch ist tatsächlich weit verbreitet, da hast du recht, Natascha«, übernahm dieser. »Die einen sagen, dass die Seelen der Verstorbenen in der Silvesternacht herumgeistern und sich in der Wäsche verfangen. Pech für die Verstorbenen. Die anderen sagen, die in der Silvesternacht aufgehängte Wäsche ist gefährlich, weil sich dann die Wäschestücke zu Gespenstern verformen und die Menschen bedrohen. Pech für die Lebenden. Hinter all dem stecken ins Absurde verformte Hinweise, die auf weit zurückliegendem vorchristlichem Aberglauben beruhen. Unsere vorchristlichen Vorfahren, wir dürfen auch sagen unsere keltischen Vorfahren, waren davon überzeugt, dass zu ganz bestimmten Zeiten im Jahreskreislauf die Trennung zwischen unserer sichtbaren Welt und der unsichtbaren Anderswelt durchlässig wird. Dann konnten die Verstorbenen aus der Anderswelt in die von uns wahrgenommene Welt der Lebenden kommen. Das war zu *Samhain* so. Das ist das keltische Fest, das zu jenem Zeitpunkt abgehalten wurde, an dem wir heute in unserer christlichen Tradition *Allerseelen* feiern. Der Durchgang zur Anderswelt war nach keltischer Vorstellung auch rund um die Wintersonnenwende offen. Also in den Raunächten rund um Weihnachten und Neujahr. Diese Begegnung mit den Verstorbenen aus der Anderswelt war für unsere keltischen Vorfahren nichts Schreckliches. Im Gegenteil. Das war ein freudiges Fest. Da wurde mit den verstorbenen Vorfahren gefeiert, gegessen, getrunken. Das Christentum konnte solche heidnischen Vorstellungen nicht zulassen. Stätten und Orte, die den Kelten heilig waren, wurden schnell von christlichen Kirchen annektiert. Auf keltische Feste wurden christliche Feste aufgepfropft. *Samhain* musste *Allerseelen* weichen. Was auch immer von unseren keltischen Vorfahren kam, musste ausgerottet werden, im christlichen Sinn umgestaltet. Denn das war heidnisch, schlecht, alles Werke des Teufels. Was von diesen Umdeutungen bis in unsere Zeit geblieben ist, sind verballhornte Reste. Die ursprünglichen Auffassungen, die hinter den Umdeutungen schimmern, sind oft noch in Sagen und Legenden erkennbar. Und auch in Bräuchen wie dem eben zitierten kann man es erkennen. Hinter der Warnung, zu Silvester nur ja keine Wäsche aufzuhängen, blitzt die keltische, also aus christlicher Sicht heidnische Vorstellung durch, dass in dieser Nacht der Zugang zur Anderswelt durchlässig ist.«

»Was für eine geile Story, an der uns unser geschätzter Herr Universitätsprofessor teilhaben lässt.« Sven Hartmann war aufgesprungen. Er applaudierte in Richtung Dominic. »Die Vorstellung der alten Kelten, zu Silvester mit den Toten zu fressen und zu saufen, finde ich genial. Dieser supercoole Brauch gehört wieder eingeführt. Das wird ein Renner. Von mir kommt dazu die megageniale Strategie.« Sven Hartmann leitete eine erfolgreiche Marketingagentur. *Starbeam* oder so ähnlich hieß die, wie Sabrina einmal gehört hatte. »Die alten Kelten mit ihren Wäschegespenstern gehen mir am Arsch vorbei«, kicherte Natascha. »Ich will jetzt orakeln. Also her mit dem …« Sie unterbrach jählings ihr Geplapper. Etwas war passiert. Alle konnten es hören. Ein mächtiges Dröhnen war zu vernehmen, das von draußen kam. Es klang nach beängstigend dumpfem Donner. Natascha hielt entsetzt den Atem an. Auch die anderen waren erschrocken. »Herrje.« Fabian drückte sich schnell von seinem Stuhl hoch. »Das bedeutet nichts Gutes. Ich fürchte, da geht eine Lawine ab. Und das gleich in der Nähe.« Er wandte sich zum Ausgang. »Macht ruhig weiter. Ich will mir das anschauen.«

»Ich komme mit dir.« Dominic folgte ihm nach draußen. Für einen Moment war es völlig still im Raum. Nur das Dröhnen von draußen war zu hören, das allmählich nachließ.

»Will jemand etwas essen?«, fragte Hedy in die Runde. »Es gäbe Schoko-Birnen als Dessert und Crema catalana.« Keiner antwortete. Auch Sabrina war die Lust auf Süßes vergangen. »Na gut, dann hole ich das Zinn und die nötigen Utensilien zum Metallgießen.« Hedy stand auf. »Wir können inzwischen alles vorbereiten. Fabian ist sicher gleich wieder da.« Soll ich auch die Rauchfangkehrer und die Glücksschweine holen?, fragte sich Sabrina. *Oh, what fun it is to ride …* Nein, ihr war jegliche Lust vergangen. Auf Schlittenfahrten, auf Rauchfangkehrer, auf Orakelspiele. Sie würde einfach warten. Doch es dauerte. Fast 20 Minuten verstrichen, ehe die beiden Männer wieder im Haus eintrafen. »Es schaut nicht gut aus«, eröffnete Fabian. »Es ist eine riesige Lawine. Sie hat die Straße komplett verschüttet. Schnee und Geröll türmen sich meterhoch. Da ist kein Durchkommen.«

»Wir haben Karten für das Neujahrskonzert morgen Abend«, jammerte Natascha. »Wir müssen morgen schon zu Mittag runter ins Tal. Bis dahin werden die … die …«, sie suchte nach Worten, »die Dings halt mit ihren großen Baggern das wohl alles weggeräumt haben.«

»Ich fürchte, ihr werdet noch länger bei uns bleiben müssen«, erwiderte Fabian. »Bis die Trupps der Gemeinde und der Bergstraßenverwaltung die Straße auch nur halbwegs freibekommen, kann es Tage dauern. Und ich bin nicht sicher, ob es nur bei der einen Lawine bleibt.« Fabian hielt sein Handy in die Höhe. »Und ich habe noch eine schlechte Nachricht. Hier auf der Höhe unseres Hauses gibt es ohnehin so gut wie keinen Empfang. Die Felsen sind zu nahe. Um einiges weiter unten Richtung Tal ist es normalerweise besser. Aber Sven und ich mussten feststellen, die Lawine ist so nahe am Haus heruntergekommen, dass es für uns keinen Handyempfang gibt.«

»Yeah, maxikreisch!« Sven schwenkte ausgelassen die Champagnerflasche. »Eingeschlossen in einer Luxus-berghütte. Handyempfang, niente! Abgeschnitten von der Umwelt. Kein Schwein kann uns hören. Wie geil! Wenn es diese Schlampe von Fortuna easy mit uns meint, bleibt das tagelang so! Das ist echt der Hammer! Darauf wollen wir einen saufen.« Er schwenkte die Flasche, ließ die schäumende Flüssigkeit über die Gläser zischen. Vieles schüttete er daneben. »Los, greift zu!« Er warf die leere Flasche zurück in den Kühler. Er hob sein Glas. Aber die anderen zögerten. Auch Sabrina hatte wenig Lust, jetzt Champagner zu trinken. Sie war immer noch benommen vom unheimlichen Getöse der Lawine und von Fabians Bericht. »Wir haben exakt elf Minuten und 40 Sekunden vor Mitternacht.« Die Feststellung kam von Fabian. Sabrina erschrak. Nur mehr elf Minuten. So schnell war die Zeit vergangen? Sie hatte es gar nicht mitbekommen. Fabians an sich sonst klare Stimme kam Sabrina schnarrend vor. »Viel-leicht warten wir mit dem Trinken des Champagners den Zeitpunkt ab, wenn das neue Jahr einsetzt«, fuhr dieser fort. »Der Wechsel vom Alten zum Neuen ist traditionellerweise für feierliches Gläseranstoßen vor-gesehen.« Zu warten und nicht mit Sven zu tun, als wäre es jetzt besser zu saufen, klang gut. Sabrina fand sich bestätigt. Auch die anderen schlossen sich Fabians Vorschlag an.

Sven riss sein Glas nach oben. »Von mir aus. Macht, wie ihr wollt, ihr Memmen. Zu Mitternacht anstoßen ist super. Doch es spricht nichts dagegen, schon jetzt einen tüchtig eingeschenkten Pokal zu leeren.«

Er ließ seine Hand mit dem Glas in Richtung Natascha tanzen. »Was ist, meine Schöne. Stößt wenigstens du mit mir jetzt schon an?« Sie sagte nichts, schüttelte nur ihre blonde Mähne. Inzwischen hatten alle wieder am großen Esstisch Platz genommen. »Wir können auch später noch Zinn gießen«, bemerkte Hedy. »Durch die Lawine ganz in unserer Nähe ist mir der Schreck in die Glieder gefahren. Doch das Zittern wird spätestens beim Walzer wieder verschwinden. Nicht wahr, mein Lieber?« Sie boxte ihrem Mann sanft in die Seite. Das Lächeln, das Fabian zuwege brachte, wirkte belebend. Er gab seiner Frau einen Kuss. Sabrina blickte verstohlen auf ihre Uhr. Nur mehr sieben Minuten bis Mitternacht. Den Walzer würde sie noch abwarten. Nach Zinngießen stand ihr gar nicht der Sinn. Das sollten die anderen ohne sie machen. Sie würde sich dann bald zurückziehen. Die Müdigkeit in ihr fühlte sich ohnehin bereits bleiern an. Sie lehnte sich zurück, schaute wieder auf die Uhr. Sie musste achtgeben, dass ihr nicht die Augen zufielen. Schließlich erhob sich Fridolin. Den Arm mit der Armbanduhr hielt er angewinkelt. »Zehn, neun, acht …«, zählte er herunter. Er griff zu seinem Glas, nahm es vom Tisch auf, »fünf, vier, drei, zwo, eins.« Er hob das Glas. »Prosit Neujahr!«

»Ein gutes Neues!« Die anderen stimmten mit ein. Es wurde angestoßen. Fabian betätigte die Fernbedienung der Stereoanlage. Im nächsten Moment ertönten die ersten Klänge eines Wiener Walzers. Fabian verbeugte sich vor seiner Frau. Dann wiegte er sich mit ihr im Rhythmus der ersten Schritte. Natascha und Fridolin folgten ihnen. Sabrina wurde von Dominic aufgefordert. Er war ein guter Tänzer, bemerkte sie. Es tat gut, sich von ihm führen zu lassen. *Dashing through the snow ...* Dominic machte einen schnellen Zwischenschritt, änderte die Richtung. Oh, er beherrschte sogar den Linkswalzer. *Over the fields we go, laughing all the way ...*

Der Walzer dauerte lange. Sie wechselten sich ab mit den Tanzpartnern. Sven kam auch an die Reihe. Auch die Frauen tanzten miteinander. Sabrina freute sich, ihren beiden Engelschwestern zu Beginn dieses neuen Jahres im Walzertakt verbunden zu sein. Sich im selben Takt zu drehen, an den Händen zu halten, einander nahezukommen, das tat allen gut. Die Stimmung wurde wieder besser. Sie war bei Weitem nicht so fröhlich wie zu Beginn des Abends, doch alle schienen sich wieder wohler zu fühlen. Zumindest kam es Sabrina so vor. He, Frau Mautz, blökte sie in sich hinein. Reiß dich gefälligst am Riemen. In Wahrheit ist doch nicht viel passiert. Nahezu gar nichts. Eine Lawine ist abgegangen. Gut, das ist nicht unproblematisch. Aber sie ist weit entfernt vom Haus heruntergedonnert. Die Straße ist verschüttet. Aber man würde den Weg ins Tal wieder freiräumen, auch wenn es vielleicht ein wenig dauerte. Sabrina hatte ohnehin noch gar nicht entschieden, wann sie gedachte abzureisen. Wollte sie am Neujahrstag oder erst einen Tag später zurückfahren, wie ihr Hedy angeboten hatte? Jetzt war Sabrina die Entscheidung ohnehin abgenommen worden. Gut so. *Oh, what fun it is to ride in a one horse open sleigh.* Hedy hatte inzwischen das Set zum Zinngießen geholt, den großen Löffel, das Metall und die übrigen Teile, die notwendig waren. Aber keiner zeigte besonderes Interesse daran, mit dem Orakelspiel zu beginnen. Hedy zündete das große Teelicht an, löschte es bald wieder. Fridolin war der Erste, der sich erhob.

Er wünschte allen eine gute Nacht. Dann ging er nach oben. Die Uhr zeigte drei Minuten vor eins, wie Sabrina bemerkte. Ein paar Minuten verstrichen, dann stand Natascha auf. »Warte, ich gehe mit dir nach oben.« Sven schüttete den Rest des Cognacs in sich hinein, den Fabian vor einer halben Stunde kredenzt hatte. Nur Sven hatte davon getrunken. Drei Gläser. Auch Dominic hatte sich einschenken lassen. Am Cognac hatte er allerdings nur genippt. Wohl eher aus Höflichkeit, wie es Sabrina vorkam. »Kann ich dir beim Abräumen und in der Küche helfen?« Hedy schüttelte den Kopf. »Nein, danke. Wir lassen das alles besser stehen. Darum kümmern wir uns am Morgen, wenn wir halbwegs ausgeschlafen sind.« Mit Cognac konnte Sabrina wenig anfangen. Hochprozentiges war nicht ihre Sache. Sie würde jetzt auch gleich nach oben gehen in ihr Blumenzimmer.

»Kann ich meine geschätzte Engelschwester noch mit einem Schluck Eierlikör verwöhnen?« Da konnte Sabrina nicht Nein sagen. Was die *Drei Engel für Charly* in den 80er-Jahren in der Fernsehserie tranken, das wusste Sabrina nicht, oder sie hatte es vergessen. Aber Sabrina, Hedy und Natascha hatten schon lange ihren bevorzugten gemeinsamen Zaubertrank gefunden. Eierlikör. Und Hedy war es, die stets wusste, wo die besten Eierliköre mit den raffiniertesten Geschmacksnuancen aufzutreiben waren. »Gerne, Hedy. Da kann ich nicht widerstehen.«

Bei einem Glas blieb es nicht. Sie genehmigten sich sogar drei. Und das in kurzer Zeit. Dann war es endgültig angebracht, sich nach oben zu vertschüssen. Sabrina umarmte ihre Engelschwester, verabschiedete sich von den beiden Männern und stieg die Holztreppe hinauf ins Obergeschoss. Sie schwankte leicht. Oh, zu viel Eierlikör in viel zu kurzer Zeit. Es war 1.30 Uhr. Sie ließ sich aufs Bett sinken. Ausziehen wollte sie sich später. Drei Herzschläge später war sie schon eingeschlafen.

Sie schreckte auf. Ihr Oberkörper schnellte in die Höhe. Eine Lawine. Schneemassen und Geröll. Ein riesiges, alles zermalmendes Schneeungeheuer drohte sie zu erfassen. Gleich würde sie mitgerissen werden. Ihr Oberkörper wurde wieder nach hinten geschleudert, traf auf etwas Weiches. Das erschien ihr seltsam. Das war kein Schnee, auf dem sie landete. Das war etwas anderes. Sie riss die Augen auf. Wo war sie?

Da war kein Berghang mit schroffen Felsen. Da waren keine eisigen Gipfel ringsum, von denen Schneebretter herabdonnerten. Sie befand sich in einem Zimmer. Stöhnen war zu hören. Das kam aus ihrem Mund. Erst allmählich begriff sie. Hier gab es keine Lawine. Das hast du alles nur geträumt, Sabrina. Das Stöhnen hörte auf. Dafür musste sie jetzt kichern. Sie konnte sich gar nicht mehr einkriegen. Gleichzeitig rannen ihr Tränen übers Gesicht. Die Erinnerung setzte ein. Sie war in einem Haus. Es gehörte Hedy und Fabian. Sie war eingeladen zur Silvesterfeier. Sie konnte alles rund um sich erkennen. Es war hell im Zimmer. Sie lag im Bett. Sie war angezogen. Sie richtete sich auf. Jetzt wusste sie wieder, wie sich alles zugetragen hatte. Hedy und sie hatten noch Eierlikör getrunken, dann war sie nach oben in ihr Alpennelke-Zimmer geschwankt. Sie musste in ihrem Cocktailkleid aufs Bett gesunken und augenblicklich weggeschlummert sein. Sie blickte auf die Uhr. Es war zwölf Minuten nach drei. Sie spürte einen grausigen Geschmack auf ihrer Zunge. Ihr Mund war staubtrocken. Das tat richtig weh. Sie blickte sich um. Nein, offenbar hatte sie sich kein Wasser mit heraufgenommen. Sie ließ die Beine aus dem Bett gleiten, drückte sich langsam hoch. Vorsicht, Sabrina, das Zittern beachten, mit dem Schwindelgefühl zurechtkommen. Ach, und ihre Gehirnkapseln für den Abend hatte sie auch noch nicht eingenommen. Sie holte das Fläschchen aus der Handtasche. Sie musste sofort etwas trinken. Auf der Stelle. Dieses Gefühl von Wüstensand in Hals und

Mund schmerzte. Sie öffnete langsam die Tür, lauschte. Alles ruhig. Offenbar schliefen alle. Es war finster. Sie tastete nach dem Schalter am Treppenabgang, machte das Licht an. Leise ging sie über die Stufen nach unten. Sie schlich in die Küche. Hedy hatte einen Teil des Geschirrs bereits gesäubert und verräumt. Sie nahm sich ein Glas, drehte am Wasserhahn. Schon der erste Schluck tat gut. Sie stellte das Glas kurz ab, fischte eine Kapsel aus dem Fläschchen. Vielleicht war es besser, sie nahm gleich zwei. Sie griff zum Glas, spülte die doppelte Menge des Medikaments hinunter. Sie stellte das Fläschchen auf den Tisch, drehte sich wieder zur Spüle, um das Glas nochmals aufzufüllen. Gierig trank sie es aus. Sie spürte in sich hinein. Die Trockenheit im Hals war so gut wie weg. Sie räusperte sich. Sie wollte lieber gleich noch ein Glas Wasser trinken. Dieses Mal ließ sie sich Zeit. Mitten im Trinken hielt sie plötzlich inne. Hatte Hedy den wunderbaren Eierlikör weggeräumt oder stand der noch in der Stube auf dem Tisch? Sie eilte hinüber. Halleluja! Da war die Flasche. Und ihr Likörglas war auch noch da. Sie füllte es und nahm es zusammen mit dem Wasser mit nach oben, löschte das Licht an der Treppe, öffnete leise die Tür zu ihrem Zimmer. Der Eierlikör war ein Gedicht. Sollte sie sich noch einen holen? Sie gähnte. Nein, sie wollte nicht nochmals die steilen Stufen hinuntersteigen. Wer weiß, ob sie wieder nach oben kam. Das Wasser hatte ihr gutgetan, aber sie war hundemüde. Sie zog das Kleid aus, holte das Nachthemd aus ihrer Tasche, zog es an. Es fröstelte sie. Bekam sie etwa Fieber? Sie griff zum Morgenmantel, zog auch den an. Dann schlüpfte sie unter die Bettdecke. Ach, das Fläschchen, schoss es ihr durch den Kopf. Das hatte sie in der Küche vergessen. Egal, das würde sie in der Früh holen. Jetzt musste sie schlafen.

Etwas dröhnte, dumpfes Donnern war zu hören. Sie schreckte aus dem Schlaf auf. Wie kam das? Sie hatte gar nicht von einer Lawine geträumt. Sie war auf einem Ball gewesen. Davon hatte sie geträumt. Sie war auf einem Gschnas zusammen mit den anderen beiden Engeln. Doch das hörte sich tatsächlich nach demselben Geräusch an, das sie schon am Abend gehört hatten. Nur dieses Mal war es offenbar weiter entfernt. Das hatte nichts mit dem Traum zu tun. Vermutlich war irgendwo noch eine Lawine abgegangen. Egal, sie zog sich die Bettdecke über den Kopf. Es dauerte etwas länger, doch dann sank sie wieder in den Schlaf. Der tat ihr gut. Dieses Mal träumte sie wenig. Erst nach langer Zeit tauchte in ihren Traumfetzen etwas auf, das sie an ihr Geschäft erinnerte. Auch Fjella war da. Sie bearbeitete mit großem Eifer die Frisur einer Kundin. Sie konnte das Gesicht der Frau im Spiel sehen. Aber das war ja sie selbst. Sie als Chefin ließ sich offenbar von Fjella die Frisur machen. Plötzlich schrie jemand. Fjella schrie. Sie stand neben ihr und klang zugleich weit entfernt. Nein, das war nicht Fjella, die schrie. Das war jemand anderer. Im nächsten Augenblick schnellte sie schon aus dem Bett. Dieses Mal wusste sie sofort, wo sie war. Und sie erkannte auch voll Schreck, wer schrie. Das war Hedy. Der Schrei kam von unten. Sie riss die Zimmertür auf. Später würde sie sich fragen, wie sie es nur geschafft hatte, dermaßen schnell nach unten zu kommen. Noch vor allen anderen gelang ihr das. Und wie ihr in der Eile auffallen konnte, dass etwas Glitzerndes auf einer der Treppenstufen lag, das sie gedankenverloren schnappte und einsteckte. Und wie sie es zuwege brachte, vom Treppenende in die Küche zu hetzen, ohne sich an irgendetwas zu stoßen. Das Erste, was sie sah, waren Hedys weit aufgerissene Augen und das blanke Entsetzen in ihrem Gesicht. Erst dann bemerkte sie die Gestalt, die auf dem Boden lag. Überall war Blut zu sehen. Als sie das Messer im Rücken der Gestalt bemerkte, wurde ihr schwindlig. Übelkeit stieg hoch. »Was ist passiert?«, rief jemand hinter ihr. Das war Fabian, der über die Treppe herab zur Küche stürmte. Auf dem Tisch war das Fläschchen, das Sabrina vorhin vergessen hatte. Ihre Hand griff danach. Auch das würde sie sich später oft fragen, ohne eine Erklärung zu finden. Warum steckte sie zuerst die Flasche mit den Gehirnkapseln ein und fragte sich erst danach, wer hier auf dem Boden lag. Die Antwort schoss aus Fabians Mund. »Das ist ja Sven.« Jetzt sah sie es auch. Sven. Ganz offensichtlich war er tot. Gleich darauf trafen Dominic und Fridolin ein. Natascha erschien als Letzte. Der Schrei, den ihre Engelschwester ausstieß, als sie den toten Sven erkannte, ging Sabrina durch und durch, vibrierte in jeder Zelle ihres Körpers. Im selben Augenblick griff blankes Entsetzen nach Sabrinas Herz. Sie taumelte. Die grauenvolle Einsicht, die ihr blitzartig klar wurde, überrollte sie wie eine herabdonnernde Lawine. Ihre Knie versagten, hatten keine Kraft mehr. Sie sank nach unten, setzte sich einfach auf den Boden. Immer und immer wieder überrollte sie die Wucht der schrecklichen Erkenntnis. Sven hatte ein Messer im Rücken. Das konnte er sich nicht selbst hineingerammt haben. Jemand hatte ihn offenbar von hinten erstochen. Als ihr das klar wurde, begann sie heftig zu zittern. Sie waren von der Außenwelt abgeschnitten. Wenn niemand über die riesigen Schneemassen der verschütteten Straße geklettert war, um hier einzudringen, dann musste der Täter innerhalb des Hauses zu finden sein. Ihr wurde kalt. Frösteln schüttelte sie. Offensichtlich war einer von ihnen ein Mörder. Oder eine Mörderin. Sie selbst war es nicht. Das war die einzige Wahrnehmung, die sich für Sabrina mit Gewissheit bestätigen ließ. Aber wer war es dann? Sie blickte unsicher zu den anderen. Wer von ihnen war zu einer dermaßen brutalen Tat fähig? Und wer hatte einen Grund dazu? Sie konnte ihre Tränen nicht mehr zurückhalten. Alles an und in ihr bebte. Zwei Gesichter starrten zu ihr. Das eine gehörte Fabian und das andere Hedy. Ihre Engelschwester kam näher, legte den Arm um Sabrinas zuckende Schultern. Das Entsetzen breitete sich aus. Schnell. Unheimlich. Vom Argwohn getrieben. Sabrina sah es in den Augen der anderen. Sie wusste später nicht mehr, wie lange sie auf dem Boden gesessen war. Sie wusste nicht mehr, wie sie auf einen der Stühle in der Stube gekommen war. War sie von alleine hingetorkelt? Hatte sie jemand geführt? Sätze waren gefallen. Das bekam sie mit. Aber sie hatte keinen blassen Schimmer, wer was gesagt hatte. Allen war das Entsetzen ins Gesicht geschrieben. Eine fröhliche Silvesterrunde waren sie gewesen. Sie hatten sich an den Händen gehalten, miteinander Walzer getanzt. Nun war einer von ihnen tot. Erstochen. Und ein anderer aus dieser Runde war dafür verantwortlich. Sabrina brauchte lange. Sehr lange. Länger als alle anderen, kam ihr vor, bis sie halbwegs mitbekam, was rings um sie ablief. »Polizei« hatte irgendwer gesagt. Und »Wir müssen alle warten« war auch irgendwann gefallen. Und gewiss manches mehr, das aber durch die totale Benommenheit nicht bis zu ihr gedrungen war. Dass Fabian irgendwann die Hände gehoben hatte und sich vor sie alle hinstellte, war ihr dann klar geworden. Aber Fabians Worte schleppten sich nur mühsam über den holprigen Weg bis zu ihrem Kopf. Hörte sie richtig? Nein, das konnte nicht sein. Sie musste etwas völlig falsch verstehen. Sagte Fabian das tatsächlich, was ihr Hirn bruchstückhaft mitbekam? Dass sie hier immer noch völlig von der Außenwelt abgeschnitten waren, klang in Fabians Gerede an. Ja, das würde wohl zutreffen. Dass es derzeit unmöglich war, die Polizei zu verständigen, stimmte gewiss auch. Jemand schrie auf. Ein Schwall von Zittern raste durch ihren Körper. Sie selbst war es, die geschrien hatte. »Jemand von uns ist ein Mörder«, hatte Fabian eben gesagt. Das hatte den Schrei in ihr ausgelöst. Ihr Blick hetzte durch den Raum, stieß auf ausdruckslose Gesichter. Keiner wagte, den anderen direkt anzuschauen. Aber es war wohl dasselbe, was alle dachten. Fabian hatte es vorhin unmissverständlich in den Raum gestellt. Jemand aus ihrer Reihe war ein Mörder.

Allmählich setzten sich alle Bruchstücke dessen, was Fabian noch sagte, in ihrem schmerzenden Schädel zusammen. Herumsitzen, warten, uns anstarren, gegenseitig verdächtigen. Etwas in der Art hatte er eben gesagt. Er wolle das nicht. Keinesfalls. Das hatte Sabrina auch noch mitbekommen.

»Wenn wir jetzt in einem Krimi wären, dann wäre die Vorgangsweise klar.« Allmählich schaffte Sabrina es, sich aus ihrer Benommenheit zu befreien und konzentrierter zuzuhören. »Dann würde ein Detektiv erscheinen und Schritt für Schritt das Vorgefallene aufklären«, fügte Fabian hinzu. »Aber wir sind in keinem Krimi«, flüsterte jemand laut. Es war gut wahrzunehmen. »Wir haben keinen uns erlösenden Ermittler. Wir sind in der Wirklichkeit. Und die fühlt sich gerade brutal an.«

Dominic war es, der gesprochen hatte, wurde Sabrina klar. »Da hast du vollkommen recht.« Jetzt war es wieder Fabian, der antwortete. »Es fühlt sich brutal an. Für alle. Aber dass wir keinen Ermittler haben, stimmt nicht. Wir haben sogar einen berühmten Ermittler unter uns. Einen der besten Aufklärer, die es überhaupt gibt.« Er wies mit der Hand auf Fridolin.

»Aber der ist doch nicht echt.«

»Genauso ist es«, bekräftigte Fridolin Welling Dominics Einwand. »Wie ihr wisst, bin ich in meinem Brotberuf Bankdirektor. Und weil meine Leidenschaft auch dem Theater gilt, mime ich auf der Bühne ab und zu den berühmten Detektiv, ersonnen von Agatha Christie.«

»Aber du bist ein sehr guter *Hercule Poirot*, lieber Fridolin.« Fabian klang richtig euphorisch. »Ich habe dich nicht nur bei der Premiere, ich habe dich noch einige weitere Male auf der Bühne beobachtet. Er wird immer besser, dachte ich. Und bei der letzten Vorstellung war ich überzeugt. Jetzt ist es passiert. Unser Fridolin hat sich tatsächlich in *Hercule Poirot* verwandelt.«

»Aber das geht doch nicht«, kreischte Natascha. »Wir können doch nicht so tun, als ob …«

»Doch, wir können«, konterte Fabian. Seine Stimme war lauter, bestimmter geworden. »Alles, was wir wollen, können wir. Es liegt an uns.«

Was passiert hier gerade?, fuhr es Sabrina durch den schmerzenden Kopf. Schlafe ich etwa immer noch? Liege ich im Bett und geistere im Traum durch einen gespenstisch schlechten Film? Sie fasste sich an die Wange, setzte ihre scharfen Nägel ein. Es schmerzte höllisch. Nein, sie träumte nicht. Sie war wach. Sie hockte hier und jetzt in einer Wirklichkeit, die sich wie Horror anfühlte. Warum bist du nicht zu Hause geblieben, du dumme Kuh, schrie sie sich selbst im Inneren zu. Gleichzeitig schüttelte sie der nächste Weinkrampf. Du musstest ohnehin umkehren wegen der Glücksbringer. Warum bist du nicht gleich dageblieben? Dann wäre dir all das hier erspart geblieben. Sie bemühte sich, den bebenden Körper zu beruhigen. Sie wischte sich über die Augen. Nein, sie war nicht daheim geblieben. Deshalb war sie jetzt hier und musste in diesem absurden Theater mitmachen. Es war in Wirklichkeit gar kein Theater. Alles war echt. Das Messer war echt. Der brutal erstochene Sven war echt. Unecht war nur der Detektiv, in den zu verwandeln sich der Herr Bankdirektor jetzt tatsächlich anschickte. Fabian hatte inzwischen neben seiner Frau Platz genommen. Fridolin hatte sich erhoben, war in die Mitte des Raums getreten. Er stand jetzt mit dem Rücken zu ihnen. Aus der Haltung seiner Arme schloss Sabrina, dass er sich mit der rechten Hand an die Stirn griff. Den Kopf hielt er leicht gesenkt. Dann drehte er sich mit einem Ruck zu ihnen um. »Wenn unser Gastgeber es wünscht, dann bin ich bereit, jetzt in die Rolle von Hercule Poirot zu schlüpfen. Ich werde diese Aufgabe erfüllen, so gut ich es eben vermag.« Er ließ langsam die Augen über die Anwesenden gleiten. Sein Blick wirkte eindringlich, nahezu stechend. Sabrina spürte, wie ihre Hände zu schwitzen begannen. Sie wollte nicht wegschauen. Sie musste wissen, was hier vor sich ging. Sie bemühte sich, diesem Blick standzuhalten. Wie es wohl den anderen dabei erging? »Ich habe in gewisser Weise zu jedem von euch eine Beziehung ganz unterschiedlicher Art. Den Zeugen persönlich nahezustehen, ist für Poirot nicht gut. Das könnte sein Urteil beeinflussen. Es bedarf für den Ermittler der neutralen Distanz. Die versuche ich ab jetzt einzunehmen. Wir sind ab jetzt per Sie. Wir sprechen uns per Nachnamen an. So soll es geschehen.« Er wartete gar nicht ab, ob jemand etwas dazu bemerken wollte, vielleicht einen Einwand zu dieser Vorgangsweise hatte. Fridolin drehte sich wieder um. In langsamer Bewegung, aber bestimmt. Sie sahen ihn wieder von hinten. Erneut verharrte er in der Denkerposition. Dieses Mal noch länger als vorhin. Dann hob er den Kopf. Seine Schultern strafften sich. Er wirbelte herum, breitete auffordernd die Arme aus. Sabrina konnte sich nicht dagegen wehren. Was sie sah, verblüffte sie. Sie hatte Fridolin im Herbst einmal in der Theaterinszenierung gesehen. In einer der ersten Aufführungen. Dabei hatte er ihr recht gut gefallen. Aber dass sie nun durch Fridolins Haltung, seine Gebärde, seine funkelnden Augen tatsächlich den Eindruck bekam, Poirot in Gestalt von David Suchet sei aus der Filmrolle gestiegen und stehe jetzt vor ihnen, war doch überraschend.

»Poirot wird Ihnen eingehend zusammenfassen, welchen Sachverhalt wir vorfinden.«

Er trippelte zwei Schritte zur Seite, wies in eleganter Bewegung mit der Rechten in Richtung Küche. »Wir haben hier einen Toten. Daran besteht kein Zweifel. Der Name des Toten ist Sven Hartmann. Was wissen wir über diesen Mann? Er besitzt und leitet eine erfolgreiche Marketingagentur mit dem Namen *Starbeam*. Er ist Mitglied des Sportschützenvereins seiner Heimatstadt und seit einem halben Jahr dessen Präsident.« Woher weiß Fridolin das?, fragte sich Sabrina. Dann fiel ihr ein, dass Natascha ihnen einmal erzählt hatte, dass Sven im selben Sportschützenverein aktiv war, in dem ihr Mann seit zwei Jahren als Kassier fungierte.

»Dieser Mann wurde mittels eines Messers getötet. Das Messer, ein großes Fleischmesser, stammt aus dem Besteck der Küche. Poirot hat sich zuvor den Toten und die Umgebung gründlich angesehen. Es ist viel Blut aus der Wunde ausgetreten. Es gibt jedoch ringsum keine Schleifspuren. Poirot geht davon aus, dass der Platz, an dem sich die Leiche befindet, zugleich der Tatort ist. Gefunden wurde der Tote von Frau Hedy Klang.« Er drehte sich ihr zu. »Frau Klang, würden Sie bitte Poirot schildern, wie sich das zutrug.«

Ihre Engelschwester blickte etwas unschlüssig zu ihrem Ehemann. Fabian nickte. Darauf wandte Hedy sich Fridolin zu.

»Ich bin in der Früh aufgestanden.«

»Wann?« Die Frage kam schnell. Sie wirkte fast wie aus Fridolins Mund geschossen. Seine Stimme klang dabei interessiert, aber nicht unfreundlich.

»Es war kurz nach 6 Uhr.«

»Können Sie uns die exakte Uhrzeit nennen?«

»Ja, kann ich. Es war genau 6.12 Uhr. Ich hatte den Wecker auf Viertel nach sechs gestellt, wurde aber schon vorher wach.«

»Wo befanden Sie sich, wo wurden Sie wach?«

Hedy schüttelte den Kopf. »Aber das liegt doch auf der Hand. Was soll diese umständliche Fragerei?«

Fridolin setzte zu einer Antwort an. Doch Fabian kam ihm zuvor. Er hob die Hand und legte sie Hedy auf die Schulter: »Es steht Herrn Poirot völlig frei, auf welche Art und Weise er seine zweifellos wichtigen Vernehmungen durchführt. Würden Sie, Frau Klang, bitte Herrn Poirots Fragen beantworten, und zwar mit allen Details, die gewünscht sind.«

Hedy atmete hörbar laut ein. Dann stieß sie die Luft langsam durch die Nase aus. Ihr verärgerter Gesichtsausdruck verschwand allmählich.

»Also gut, Herr Klang«, erwiderte sie, wobei sie das Wort *Herr* auffällig betonte.

Was spielen wir hier für ein Theater? Sabrina schüttelte missmutig den Kopf. Verständlich, dass es Hedy zuwider war, ihren eigenen Ehemann mit »Sie« und »Herr« ansprechen zu müssen. Wozu war dieses sonderbare Getue gut? Keine 15 Meter von ihnen entfernt lag ein Ermordeter. Hatte bisher irgendjemand ein Wort der Trauer ausgesprochen? Ja, ihr tat der tote Sven leid. Aber auch sie hatte nichts gesagt. Warum machten alle mit bei dieser sonderbaren Vorführung? Auch sie. Damit die Zeit besser verging und sie sich alle nicht in gegenseitigen Verdächtigungen aufrieben, bis die Straße frei wurde und die richtigen Ermittler der Kriminalpolizei eintrafen?

»Ich war natürlich in jenem Raum im ersten Stock dieses Gebäudes, den mein Mann und ich als Schlafzimmer benützen, seit wir dieses Haus bewohnen.« Hedy bemühte sich hörbar, klar und deutlich zu sprechen.

»War Ihr Mann, als Sie um 6.12 Uhr aufwachten, ebenfalls im Zimmer, Frau Klang?«

»So ist es, Monsieur Poirot. Und bevor Sie mich jetzt fragen, was er zu diesem Zeitpunkt machte, sage ich

Ihnen, dass er schlief. Und er schnarchte. Das war nicht vorgetäuscht, sondern tatsächlich so.«

Einen Moment vermeinte Sabrina zu spüren, dass die Spannung, die über allen lag, sich für einen Augenblick lockerte. Dominic schmunzelte sogar zu Hedys Bemerkung übers Schnarchen.

»Ich pflege leider den wohlverdienten Schlaf meiner Frau oft durch mein Schnarchen zu stören«, erklärte Fabian. »Vermutlich ist sie auch deswegen aufgewacht, noch ehe der Wecker klingelte.«

Fridolin als Poirot ging nicht auf dieses Bemerkung ein.

»Was unternahmen Sie dann, Frau Klang?«

»Ich aktivierte die Taschenlampenfunktion an meinem Handy. Das macht weniger Licht als die Zimmerbeleuchtung. Ich wollte nicht, dass mein Mann früher aufwachte als notwendig. Ich schlüpfte in den Morgenmantel und verließ den Raum. Dann huschte ich leise über die Treppe nach unten.«

»Immer noch im Licht Ihrer Handylampe?«

»Nein, das schaltete ich aus. Ich betätigte den Schalter am oberen Treppenrand. Das aktiviert die Beleuchtung für die Stiege und auch für Stube und Küche.«

»Haben Sie auf dem Weg vom Schlafzimmer nach unten jemanden gesehen?«

»Nein, Monsieur Poirot. Ich war ganz alleine unterwegs.«

»Unten angekommen, gingen Sie direkt zur Küche?«

»Nein, ich wandte mich nach links.«

»Warum?«

»In dieser Richtung liegen der Sanitärbereich und der Durchgang zu unseren Abstellräumen. Dort lagern Lebensmittel, die wir in der Küche nicht unterbringen.«

»Kann man von dieser Position aus die Treppe und den Zugang zur Küche einsehen?«

»Jein, einen kleinen Ausschnitt vom mittleren Bereich der Treppe schon, mehr aber nicht.«

»Was passierte dann?«

»Ich war für etwa drei Minuten im Bereich Sanitär und im Lagerraum. Ich nahm zwei Dosen Erdbeeren, die ich für die Zubereitung des Frühstücks brauchte, und begab mich damit zur Küche.«

»Bitte schildern Sie Poirot exakt, was dann passierte.«

»Ich überlegte beim Gehen, ob ich alles für das Frühstück in der Küche parat hätte oder ob nicht noch etwas aus dem Abstellraum mitzunehmen wäre. Ich war derart in Gedanken versunken, dass ich beinahe …« Hedy schluckte. Ihre Augen füllten sich unversehens mit Wasser. »Müssen wir das wirklich hier alles durchexerzieren?«, presste sie hervor. »Ich wäre beinahe auf den toten Sven gestiegen.« Sie drehte den Kopf zur Seite. »Nein, ich will das nicht.«

Fridolin hob energisch die Hand, gebot Fabian Einhalt, der etwas sagen wollte.

»Poirot kann gut nachvollziehen, dass es furchtbar für Sie sein muss, das alles noch einmal zu durchleben, verehrte Frau Klang. Poirot würde Ihnen das gerne ersparen. Doch es gilt, einen Mord aufzuklären. Es gilt, diejenige Person ausfindig zu machen, die schuld an Sven Hartmanns Tod ist. Und glauben Sie mir, jedes noch so unscheinbare Detail kann für Poirot nützlich sein. Wir können mit der Befragung gerne eine Pause machen, wenn Sie etwas trinken wollen.« Die Hausfrau schüttelte den Kopf. »Nein, danke. Das ist nicht nötig.«

»Dann, wenn Sie erlauben, möchte ich gerne mit der Befragung fortfahren.«

Sie nickte. Sabrina drückte die Fingernägel der Rechten gegen ihren linken Unterarm. Sie musste sich erneut davon überzeugen, nicht in einem abstrusen Traum gefangen zu sein. Das alles fühlte sich dermaßen absurd an. Aber sie wollte sich auf die ihr zugedachte Rolle konzentrieren und auf nichts anderes.

»Haben Sie den Toten, nachdem Sie ihn entdeckten, berührt?«

Hedy hob den Kopf. Sie wirkte verstört. »Ich glaube nicht. Ich bin zu Tode …« Sie bremste ab. »Ich meine, ich bin …« Sie suchte nach einem passenderen Ausdruck, offenbar schien ihr das Wort »Tod« hier nicht passend.

»Ich bin … so ungemein erschrocken, dass ich es nicht mehr absolut sagen kann. Aber ich denke, ich habe …« Sie schluckte, bemühte sich, nicht die Fassung zu verlieren. »Ich habe den armen Sven nicht berührt.«

»Was passierte dann?«

»Soviel ich weiß, tauchte dann Sabrina auf.«

Fridolin ließ den Kopf in ihre Richtung schnellen. »Stimmt das, Frau Mautz?«

Sabrina wurde es plötzlich siedend heiß. Jetzt war sie an der Reihe. Sie spürte, wie ihr der Schweiß über den Rücken kroch.

»Ja, das stimmt. Ich hörte Hedy schreien ...« Sie wusste, was Fridolins missbilligender Blick bedeutete. »Also ich hörte einen Schrei. Das riss mich aus dem Schlaf. Mir war sofort klar, dass hier Frau Klang schrie. Ich eilte sofort nach unten.«

Der Poirot-Darsteller nickte. Er schloss die Augen, fasste sich kurz an die Stirn.

»Frau Mautz war also nach Frau Klang die Zweite am Tatort.« Er öffnete die Augen.

»Ehe wir der Reihenfolge Beachtung schenken, wer wann am Tatort erschien, wollen wir versuchen zu rekonstruieren, wer wann im Lauf des Festes die Stube verlassen hatte und wohin man sich begab.«

Eine Art Lächeln huschte über seine Züge. Er zwirbelte bedächtig den Schnurrbart. Zuerst am linken, dann am rechten Ende. »Nun, hier kann Poirot exakt Auskunft geben, denn Poirot weilte selbst unter den Festgästen, die hier anwesend sind. Poirot war der Erste, der nach oben ging und sich in das ihm zugeteilte Zimmer begab. Das war exakt um 0.57 Uhr.«

Das stimmt, dachte Sabrina. Sie hatte auf die Uhr geschaut. »Wer verließ als Nächster die Gesellschaft in der Stube?« Er blickte in die Runde.

Dominic und Fabian schauten zu Natascha. Auch Hedy wandte ihren Kopf. »Das muss wohl ich gewesen sein.« Sie nickte, drehte an einer Strähne ihres

Haares. »Auch wenn ich mich nur mehr dumpf daran erinnere.«

»Kann jemand von den übrigen Anwesenden die Aussage von Frau Welling bestätigen?«

»Ja, Frau Wellings Angaben stimmen«, antwortete Dominic. »Es war etwa zehn oder elf Minuten nach eins, als sie den Raum verließ. Herr Hartmann ging mit ihr. Von meiner Position aus war gut zu sehen, wie beide die Treppe nach oben stiegen.«

Die anderen stimmten zu. Sabrina bestätigte. »Genauso war es.«

»Wir halten also bei einer Zeit von etwa 1.10 Uhr oder 1.11 Uhr, als Frau Welling den Raum verließ. Sie machte das in Begleitung von Herrn Hartmann, dem späteren Mordopfer.«

»Fridolin«, fuhr Natascha auf. »Warum sagst du das in dieser Weise? Das hört sich an, also könnte ich etwas dafür, dass der bedauernswerte Sven ...« Weiter kam sie nicht. Ihre Stimme brach. Sie begann zu weinen. Der Darsteller von Hercule Poirot hob schnell die Hand. Er bremste Hedy ab, die aufstand. Er hielt sie energisch davon ab, sich der flennenden Natascha zu nähern.

»Ich sage das deshalb so, Frau Welling, weil es sich genauso zutrug. Sie verließen den Raum. Herr Hartmann folgte Ihnen. Er stieg zusammen mit Ihnen über die Treppe nach oben, wie nicht nur Zeuge Stroll, sondern auch die übrigen der hier Anwesenden bestätigen. In der Feststellung, dass es sich bei Herrn Hartmann um jene Person handelt, die später als ermordet aufgefunden wurde, steckt lediglich die Feststellung einer Tatsache. Hier ist kein wie auch immer gearteter Zusammenhang angedeutet.« Natascha schüttelte heulend den Kopf. Sie sprang auf.

»Poirot ersucht Sie, sich wieder hinzusetzen, Frau Welling. Wir sind mit der Befragung noch nicht zu Ende.«

»Es reicht.« Hedy war aufgesprungen. »Was ist das für eine Art, miteinander umzugehen?« Fabian hatte sich ebenfalls erhoben. Er hielt seine Frau zurück. Er drückte ihr einen Kuss auf die Wange, bugsierte sie sanft wieder auf ihren Stuhl. Fridolin hatte zwar bemerkt, was vorging, doch er reagierte nicht darauf.

»Was machten Sie dann, Frau Welling, als Sie das Obergeschoss erreicht hatten?« Natascha starrte ihn mit wildem Blick an. Jetzt springt ihm meine Engelschwester gleich an die Gurgel, dachte Sabrina. Dann haben wir den nächsten Toten. Dieses Mal würde es klar sein. Mord im Affekt. Zumindest Totschlag. Zeugen gab es genug. Aber Natascha hielt sich zurück. Sie atmete tief durch. Mehrmals. »Das weißt du doch, Fridolin. Ich begab mich ins Edelweißzimmer, das wir beide seit gestern in diesem Haus bewohnen.«

»Ich darf Sie erneut ersuchen, Ihren Platz wieder einzunehmen.« Natascha ließ sich schnaubend auf ihren Stuhl plumpsen. Langsam wich der Zorn aus ihrer Miene. Verzweiflung stand jetzt darin. Und Traurigkeit, wie Sabrina wahrnahm. »Die Aussage, dass Sie in das zugewiesene gemeinsame Zimmer kamen, Frau Welling, kann Poirot bestätigen. Es war exakt um 1.26 Uhr. Nehmen wir an, man braucht, wenn man es sehr langsam angeht, eine knappe Minute, um von der Stube nach oben zu kommen. Eine Minute ist schon sehr großzügig gerechnet. Sie verließen die Stube um 1.10 oder 1.11 Uhr. Nehmen wir 1.11 Uhr. Dann waren Sie um 1.12 Uhr oben. Ins Edelweißzimmer kamen Sie um 1.26 Uhr. Was machten Sie in den 14 Minuten dazwischen, Frau Welling?«

Sie starrte ihn an. »Was soll das? Ich habe mich halt mit Sven noch etwas unterhalten.«

»Wo?«

»Wo, wo ...« Allmählich geriet sie wieder in Rage. »Auf dem Gang.«

»14 Minuten lang?«

»Keine Ahnung. Ich habe nicht auf die Uhr geblickt.«

Er sagte nichts. Poirot schloss wieder die Augen. Er dachte nach. Das war unschwer zu erkennen.

»Wir halten also jetzt bei 1.26 Uhr. Wer kam als Nächstes von der Stube nach oben?«

Jetzt war Sabrina an der Reihe. »Das war ich«, sagte sie. »Frau Klang bot mir noch etwas von ihrem göttlich schmackhaften Eierlikör an. Wir tranken drei Gläser davon. Dann machte ich mich auch auf den Weg ins Bett. Ich habe sogar auf die Uhr geschaut. Es war genau 1.30 Uhr, als ich in meinem Zimmer ankam.«

»Wir drei sind noch geblieben«, schloss Fabian an, noch ehe der Detektiv etwas sagte. »Herr Stroll, meine Frau und ich saßen noch bis kurz nach 2 Uhr beisammen. Dann begaben auch wir uns nach oben, suchten unsere Zimmer auf.«

Poirot wartete. Dann stellte er die nächste Frage.

»Kam, nachdem Frau Mautz nach oben gegangen war, noch jemand wieder herunter, bevor auch Sie zu dritt die Stube verließen?«

»Nein.«

Fridolin Welling nickte. Dann fasste er sich wieder an den Schnurrbart. Er schloss kurz die Augen.

»Es war also kurz nach 2 Uhr, als Sie den Raum verließen. Frau Klang entdeckte die Leiche etwa vier Stunden später. Hat jemand im Zeitraum, der dazwischenliegt, etwas bemerkt, das er uns hier mitteilen möchte? Gibt es etwas, das uns Aufschluss geben könnte, wie es zum Mord an Sven Hartmann kam? Hat jemand etwas gehört?«

Sie blickten einander an. »Ja, ich habe etwas Seltsames vernommen«, meldete sich dann Sabrina. »Mir schien es, als hörte ich ein fernes Grollen, so ähnlich, wie wir es beim Lawinenabgang mitbekamen. Aber ich bin mir nicht sicher, ob ich mir das nur im Traum einbildete.«

»Nein«, bemerkte Dominic. »Das war nicht eingebildet. Ich hörte es auch. Das muss so gegen 5 Uhr gewesen sein.«

Der Detektivdarsteller wartete wieder, ehe er weiterfragte. »Sonst noch etwas?« Er blickte einen nach dem anderen direkt an. Hedy schüttelte den Kopf. Auch die anderen sagten nichts.

»Gar nichts?« Es kam erneut keine Reaktion.

»Auch Poirot ist es entgangen, was offenbar auch keiner von Ihnen mitbekam.«

Sabrina verstand nicht, worauf er anspielte.

»Ich glaube zu verstehen, was Sie damit meinen, Monsieur Poirot«, sagte Dominic. »Der gute Sven Hartmann musste ja irgendwann sein Zimmer verlassen haben, um sich in die Küche zu begeben. Andernfalls hätte er hier nicht getötet werden können.« Natürlich, das hatte Fridolin gemeint. Darauf hättest du auch selbst kommen können, Sabrina, schalt sie sich. Du hättest die Hirntabletten eben doch früher nehmen sollen und nicht erst um 3 Uhr nachts. Dann würden sie jetzt schon besser wirken. Dann wäre dir aufgefallen, worauf Poirot anspielte.

»Exakt, Herr Stroll. Poirot hätte es auch nicht treffender ausdrücken können. Wenn also niemand etwas gehört hat, dann bringt uns das in dem Punkt nicht weiter. Wenden wir uns folglich einem anderen Aspekt zu. Kommen wir zur Frage des Motivs. Wer könnte etwas gegen den Ermordeten haben?« Er schaute einen nach dem anderen direkt an.

»In welcher Beziehung standen Sie zu Sven Hartmann? Hatte jemand etwas *gegen* ihn? Hatte jemand vielleicht etwas *mit* ihm?«

Aus den Augenwinkeln bemerkte Sabrina, wie Natascha schnell den Kopf senkte und auf den Boden starrte.

»Ja, ich hatte etwas mit ihm, wenn Sie das so formulieren wollen.« Der Poirot-Darsteller blickte zu Hedy. »Sven war seit etwa vier Monaten bei uns im *Badminton*-Klub. Er spielte ziemlich gut. Ich sprach ihn darauf an, ob er sich vorstellen könne, dass er und ich bei der nächsten Klubmeisterschaft gemeinsam im Mixed-

Doppel antraten. Er war sehr angetan von der Idee. Wir haben auch miteinander trainiert. Es lief gut. Im neuen Jahr wollten wir unseren Trainingsaufwand steigern.« Nun wurde Hedys Blick von Trauer überschattet. »Aber dazu kann es ja jetzt …« Sie ließ den Kopf sinken. Fabian legte seinen Arm um sie, zog sie fest zu sich heran.

»Fiel gestern, seit wir alle hier ankamen, etwas vor, das einem von Ihnen als auffällig, als ungewöhnlich erschien?« Er blickte wieder in die Runde.

Fabian löste den Arm von Hedy. Er schaute zum Hochschullehrer. »Dominic, vielleicht solltest du sagen, dass du mit Sven gestern einen heftigen Disput hattest. Das war am späten Nachmittag draußen vor dem Haus. Ich habe es zufällig mitbekommen.«

»Ach das.« Dominic winkte ab. »Heftiger Disput scheint mir übertrieben. Das war eher eine kurze, aber sehr deutliche Klarstellung. Ich habe ihm nur offenbart, dass mir seine einschleimende Art gehörig auf die Nerven geht. Nicht nur, dass er dauernd um Natascha und Hedy herumscharwenzelte, was die beiden wohl selbst mit ihm zu klären hätten. Auch mich versuchte er mit ein paar verlogenen Schmeicheleien zu umgarnen. So etwas kann ich einfach nicht leiden.«

Ach ja, jetzt erinnerte sich Sabrina daran. Die Debatte der beiden hatte sie ebenfalls mitbekommen. Auch sie war kurz draußen gewesen.

»Hat noch jemand etwas dazu zu sagen?« Sollte Sabrina das jetzt anführen? Was konnte es bringen? Dominic hatte ohnehin nachvollziehbar erklärt, worum es gegangen war.

»Auch Poirot hat diese Auseinandersetzung beobachtet. Da war wohl noch jemand, dem sie nicht entging. Habe ich recht, Frau Mautz?« Peng. Jetzt hatte er sie erwischt. Dieser Kerl mit seinem Poirot-Gehabe ging ihr allmählich gehörig auf den Keks. »Ja, jetzt wo Sie es sagen, fällt es mir wieder ein.«

Er fixierte sie, ließ sie nicht aus den Augen. »War da noch etwas, das Sie bei der Gelegenheit beobachteten?« Sie dachte nach. Was meinte der Kerl? Ihr fiel nichts ein.

»Lassen Sie sich ruhig Zeit, Frau Mautz. Wer *Nootropika* nimmt, tut sich oft schwer mit dem Gedächtnis. Poirot hilft Ihnen, sich wieder zu erinnern. Wir versuchen es mit Bildern, das kann helfen. Wie in einem Film. Erste Szene. Sie wenden sich von den beiden Männern ab, die in der Entfernung einen Disput führen. Zweite Szene. Sie schauen wieder in Richtung Haus. Sie gehen darauf zu. Dritte Szene. Sie sind am Eingang, wollen die Tür öffnen. Was passiert?«

Ach, das meinte er.

»Ich musste die Tür gar nicht öffnen. Sie ging auf, denn Natascha kam heraus. Also, ich meine Frau Welling.«

»Bravo, Frau Mautz. Sie haben mit Poirots kleiner Hilfe bravourös Ihre Erinnerung herbeigezaubert.« Er drehte sich zu Dominic. »Wie lange dauerte der Disput, also die kurze, aber sehr deutliche Klarstellung, wie Sie es zu formulieren belieben?«

»Keine Ahnung. Nicht sehr lange. Vielleicht drei, vier Minuten.«

»Sind Sie zusammen mit Sven Hartmann zurück ins Haus?«

»Nein. Ich ließ ihn stehen. Ich spürte ein wenig Groll in mir, wollte weg von ihm. Ich stapfte einmal rund um das Haus, ehe ich mich ins Innere begab.«

»Ist Ihnen aufgefallen, wie Zeugin Mautz anführte, dass auch Frau Welling nach draußen ging?«

Er schüttelte den Kopf. »Nein, darauf habe ich nicht geachtet.«

»Danke, Herr Stroll.« Fridolin drehte sich zu seiner Ehefrau.

»Frau Welling, was war der Grund, dass Sie das Haus verließen?«

»Grund, Grund«, blaffte Natascha. Sie stand auf. »Muss man für alles, das man tut, einen bestimmten Grund haben? Keine Ahnung. Ich wollte wohl ein bisschen Luft schnappen. Vielleicht war es mir im Haus einfach zu eng. Was weiß ich.«

»Es besteht kein Grund, sich aufzuregen, Frau Welling. Poirot bittet Sie, wieder Platz zu nehmen. Oder gibt es einen Grund, dass Sie sich dermaßen echauffieren?«

»Ja, es gibt einen Grund«, bellte sie zurück. »Und den kann ich sogar nennen, Fridolin. Mir geht deine saublöde Fragerei auf die Nerven.« Sie wandte sich an die anderen. »Fabian, können wir dieses unsäglich nervende Theater endlich beenden?« Fabian reagierte nicht darauf. »Frau Welling«, begann Fridolin wieder, »Poirot fragt Sie jetzt direkt. In welcher Beziehung standen Sie zum Ermordeten?«

Natascha raufte sich ihre blonde Mähne. Oje, dachte Sabrina. Das wird ein hartes Stück Arbeit, ihrer Engelschwester eine wieder halbwegs ansehnliche Frisur zu verpassen.

»Das weißt du doch, Fridolin«, kläffte sie ihn an. »Ich lernte Sven durch dich kennen. Du stelltest ihn mir vor als einen deiner Kollegen aus dem Schützenverein. Und vor vier Monaten trat Sven unserem *Badminton*-Klub bei.«

Der Detektivdarsteller wandte sich den anderen zu. »Woher kannten Sie ihn?«

»So wie Natascha. Aus dem Klub. Dass wir vorhatten, als Mixed Doppel anzutreten, sagte ich schon.« Sabrina stimmte Hedy bei. »Ja, ich kannte ihn auch aus dem Klub.«

»Ich kannte ihn gar nicht«, bemerkte Dominic. »Ich sah ihn gestern zum ersten Mal.«

»Das stimmt so nicht, Dominic«, wandte Hedy ein. »Erinnere dich. Du holtest mich einmal vom *Badminton* ab. Fabian bat doch darum, weil ihm etwas dazwischenkam. Da habe ich dir Sven vorgestellt. Ich gab auch an, dass er vielleicht mein künftiger Partner im Doppel ist.«

»Tatsächlich?« Dominic schüttelte ungläubig den Kopf. »Das ist mir offensichtlich völlig entfallen.«

»Entfällt Ihnen öfter mal Wesentliches, Herr Stroll, obwohl Sie einen Lehrstuhl an der Uni haben und auf Poirot intelligent und hochgebildet wirken?«

Jetzt blickte das Gegenüber etwas verdutzt auf den Laienschauspieler. »Ich weiß nicht, was ich darauf antworten soll, Monsieur. Das Klischee vom zerstreuten Professor trifft bisweilen wohl auch auf mich zu. Gibt es einen bestimmten Grund, der Sie zu dieser Frage bringt?«

»Welches Zimmer wurde Ihnen zugeteilt?«

»Das Enzianzimmer.«

»Es liegt direkt neben dem Zimmer, das Poirot und Frau Welling bewohnen.«

»Ja, das weiß ich.«

»Ist Ihnen heute Nacht tatsächlich nichts aufgefallen? Sagen wir, in der Zeit zwischen Ihrem Zubettgehen und dem Punkt, an dem Sie das ferne Dröhnen vernahmen, von dem auch Frau Mautz uns berichtete.«

Dominic wiegte langsam den Kopf hin und her. Er kratzte sich am Kinn. »Ich kann mich an nichts erinnern.«

»Vielleicht fällt es Ihnen noch ein.« Der Laienschauspieler schloss wieder die Augen. Erneut nur für einen Moment. »Ist sonst jemandem etwas aufgefallen?« Er fixierte die Runde. Niemand sagte etwas.

»Frau Welling.« Er wirbelte herum, zeigte mit dem ausgestreckten Zeigefinger auf Natascha. »Warum standen Sie um 4.21 Uhr auf und verließen das Zimmer?«

Seine Frau stierte ihn an. »Aber das stimmt nicht. Ich bin nicht aufgestanden.«

Er trat näher, den Zeigefinger immer noch bedrohlich ausgestreckt. »Es gibt einen Zeugen dafür. Einen äußerst glaubwürdigen Zeugen. Nämlich Poirot selbst. Also, warum verließen Sie das Zimmer?«

Nataschas Schultern begannen zu zittern. Hilflos hob sie die Arme. »Ich weiß es nicht. Daran kann ich mich überhaupt nicht …« Weiter kam sie nicht. Ein heftiges Geräusch war zu hören. Das ihnen allen inzwischen bekannte dumpfe Dröhnen war wieder zu vernehmen. Es erklang aus der Ferne. Wieder ging irgendwo eine Lawine ab, donnerte unaufhaltsam talwärts. Sabrina schüttelte sich. »Wann kommt endlich die Polizei?«, flüsterte sie so leise, dass nur sie es hörte. Bitte, lieber Gott, betete sie im Stillen, lass die Bagger schnell einen Tunnel durch die Schneemassen wühlen, damit die Polizei ungehindert durchkommt. Sie wird hier gebraucht. Sabrinas Glaube an Gott war nicht sonderlich gefestigt. Dass es irgendwo weit weg irgendein höheres Wesen gab, davon war Sabrina einigermaßen überzeugt. Und sie glaubte an Engel. Das war allein der Tatsache geschuldet, dass sie und ihre zwei Freundinnen selbst ja auch so etwas wie Engel waren. Und das nicht nur bei Faschingsfeiern. Sie drehte den Kopf, schaute von einer Engelschwester zur anderen. Obwohl ihr beim Anblick der beiden warm ums Herz wurde, hielt sie irritiert inne. Warum fiel ihr das jetzt erst auf? Natascha trug nur einen Ohrring. Sabrina legte ihre Ohrringe und den übrigen Schmuck immer ab, wenn sie zu Bett ging. Sie fasste sich schnell ans eigene Ohr. Na, so was. Auch sie hatte in der Nacht vergessen, ihre Ohrringe abzunehmen. Sie war todmüde ins Bett gefallen. Bei

Natascha musste es ähnlich gewesen sein. Einen Ohrring hatte ihre Engelschwester offenbar abgelegt, den anderen aber nicht. Im nächsten Augenblick schwirrte ihr etwas durch den Kopf. Die Irritation wuchs an.

»Frau Mautz, ist etwas mit Ihnen?« Der Detektiv blickte sie fragend an. »Sie wirken erschrocken.«

Sabrina nickte langsam. Sie tastete mit zittrigen Fingern in ihre Tasche. Dort steckte das kleine glitzernde Etwas. Sie zog es heraus.

»Aber das ist ja mein Ohrring!«, rief Natascha erstaunt.

»Wo haben Sie den her, Frau Mautz?«, fragte der Poirot-Darsteller laut.

Sabrina schluckte heftig hinunter, was sich an ungutem Gefühl in ihr nach oben schob. »Den fand ich auf einer Treppenstufe, als ich von Hedys Schrei aufgeschreckt wurde und nach unten stürmte.«

Fridolin ließ seine Frau nicht aus den Augen. »Wie kommt der Ohrring auf die Treppe, Frau Welling? Poirot kann bestätigen: Als Sie um 1.26 Uhr ins Zimmer kamen, trugen Sie noch beide Ohrringe.«

Natascha rang nach Luft. Sie zitterte am ganzen Körper. »Ich weiß es nicht«, hauchte sie verwirrt. »Ich kann mich nicht daran erinnern.«

»Dann wird Poirot es Ihnen sagen. Es gilt, der Wahrheit unvoreingenommen ins Gesicht zu blicken.« Er musterte Natascha. Gleichzeitig waren seine Worte auch an alle anderen gerichtet. »Sie verloren den Ohrring, als Sie um 4.21 Uhr aufstanden, das Zimmer verließen und über die Treppe nach unten stiegen. Ob Sven Hartmann da bereits in der Küche auf Sie wartete oder ob er erst danach zu Ihnen kam, vermag Poirot beim derzeitigen Ermittlungsstand nicht zu sagen. Im Grunde ist es auch nicht wichtig. Wichtig ist vielmehr, dass unzweifelhaft Sie Herrn Hartmann töteten.« Natascha schnellte von ihrem Sitz auf, als würde sie von etwas gestochen. Rasch trat er zu ihr, presste sie zurück auf ihren Stuhl. Fridolins ergrimmtes Gesicht war jetzt ganz dicht vor ihrem. »Poirot fragt Sie: Warum haben Sie Sven Hartmann mit einem Messerstich in den Rücken umgebracht?«

Natascha schrie auf. Dann ging das Kreischen in erbärmliches Wimmern über. »Ich weiß es nicht. Ich kann mich an nichts erinnern.« Sie schluchzte herzzerreißend. Was sie weiter herausbrabbelte, war nicht mehr zu verstehen. Fridolin Welling ließ von seiner Frau ab, trat zurück. Sabrina fühlte sich, als hätte ihr jemand mit einem Riesenhammer eins über die Birne gezogen. Auch die anderen drei wirkten betreten, starrten fassungslos mit offenem Mund auf Fridolin und Natascha.

»Poirot hat seine Schuldigkeit getan.« Seine Stimme klang nach wie vor fest. Aber auch ihm setzte offenbar zu, was eben geschah. Zumindest machte er auf Sabrina diesen Eindruck. Er kam direkt auf sie zu, streckte die Hand aus. Sie überreichte ihm den Ohrring. Jetzt zitterte seine Stimme leicht, als er weitersprach. »Die Straße wird wieder frei werden. Dann nimmt alles seinen Lauf. So wie sich das gehört. Der aufrechte Gang der Kräfte, die für Ordnung sorgen, kommt in Bewegung. Nicht Poirot entscheidet, sondern die Polizei und in weiterer Folge der Richter. Wir werden der Polizei alles übergeben, was wir zu diesem Fall ermittelten. Aussagen der Zeugen, die daraus resultierenden Schlussfolgerungen und natürlich alle gesammelten Indizien.« Langsam hob er das Schmuckstück in die Höhe. Es wirkte, als spräche er mehr zu sich selbst als zu den anderen. »Hier war es ein kleiner Ohrring. In anderen Fällen ist es etwas anderes.« Er drehte das Schmuckstück, hielt es so, dass es im Licht glitzerte. »Oft sind die ganz kleinen Dinge von entscheidender Bedeutung. Dinge, die viel zu wenig beachtet werden. Außer von Poirot. Aber gerade die kleinen Dinge führen manchmal über Umwege zur Wahrheit. Man speichert bisweilen etwas ab, das man zufällig sieht. Das schlummert im Gedächtnis. Man trägt es mit sich herum. Unversehens kann es erwachen. Die Bedeutung dessen muss einem zunächst gar nicht bewusst werden. Wer es aber versteht, gerade auch aus kleinen unbedeutenden Dingen die richtigen Schlüsse zu ziehen, dem offenbart sich oft der Weg zur überraschenden Lösung. Was einen irritiert, und sei es noch so unscheinbar, das darf man nicht beiseiteschieben. Es will beachtet werden. Dem gilt es nachzugehen. Poirot weiß das, er hat es oft erlebt.«

Sabrina fragte sich später oft, was es genau gewesen war, das sie dazu brachte. Anfangs hockte sie einfach da. Erstaunt, fassungslos, nahezu von den Ereignissen erschlagen. So wie die anderen drei auch. So wie Hedy, Fabian und Dominic. Keiner sagte etwas. Alle starrten nur vor sich hin. Es war schließlich Dominic, der das

Schweigen brach. »Es ist erstaunlich. Es hat funktioniert.« Er sprach leise, war kaum zu verstehen. »Es ist offenbar zu schaffen, wenn man geschickt in die Rolle des berühmten Detektivs schlüpft, sich seine Eigenart, sein Muster zu denken, seine Methode, Schlüsse zu ziehen, aneignet. Schon offenbart sich am Schluss eine Lösung. So überraschend sie einem auch vorkommen mag.«

Vielleicht war es eine von Dominics Bemerkungen. Vielleicht hatten aber auch Rosenwurz, Vitamin B und all die anderen Stoffe endlich die nötige Wirkung bei Sabrina erreicht. Jedenfalls sagte sie, und war selbst erstaunt, dass sie einfach damit anfing: »Monsieur Poirot, mir geht es gewiss wie allen anderen hier im Raum. Ich bewundere Ihren genialen Verstand, Ihre unschätzbare Fähigkeit, selbst aus Verworrenem die richtigen Schlüsse zu ziehen.«

Er lächelte. »Merci, Madame, das ist zu viel der Ehre.« Mit gespielt bescheidener Geste hob Fridolin die Hände. »Poirot vermag nur das auszuführen, was ihm ein günstiges Schicksal verliehen hat.«

Sabrina erhob sich aus ihrem Stuhl. Sie verschränkte die Hände hinter ihrem Rücken, so wie sie es zuvor an ihm bemerkt hatte. Sie begann ruhig auf und ab zu marschieren. »Vielleicht können Sie mir bei einem wenn auch nur kleinen Problem helfen, das mich seit einigen Minuten beschäftigt.« Sie lächelte ihn an. Fridolin deutete eine Verbeugung an. »Poirot wird alles tun, was in seiner Macht steht, um Ihrer Bitte zu entsprechen. Ob es ihm gelingt, Ihr Problem zu lösen, wird sich weisen.« Sie blieb stehen, hielt den Kopf etwas schief, deutete an nachzudenken. Auch diese Geste hatte sie ihm abgeschaut. »Ich bin sicher, geschätzter Hercule, Sie können mir dabei helfen.« Sein Lächeln vermittelte weiterhin einen freundlichen Eindruck. Er betrachtete sie interessiert, ein wenig abwartend.

»Mich beschäftigt eine Frage.« Sie setzte sich wieder in Bewegung, wiegte unschlüssig den Kopf. Sie sprach nicht weiter. Er schaute ihr zu. Auch die anderen blickten neugierig auf Sabrina.

»Bitte, Madame«, begann er schließlich. »Welche Frage beschäftigt Sie?« Sie blieb stehen, blickte ihn direkt an. »Woher wussten Sie, dass ich *Nootropika* zu mir nehme?« Die Frage verblüffte ihn. Abrupt verschwand das Lächeln aus seinem Gesicht. Aber nur für einen Moment. Dann schien er sich wieder im Griff zu haben.

Sabrina wandte sich um, sodass sie Hedy und Natascha im Blick hatte. »Meine zwei Engelschwestern: Wusstet ihr, dass ich gedächtnisstärkende Mittel einnehme, die mir helfen, Konzentration und kognitive Fähigkeiten zu stärken?«

»Nein, nicht dass ich wüsste«, kam es sofort von Hedy. Natascha hatte überrascht den Kopf gehoben. Zum ersten Mal seit Langem erschien in ihren Augen wieder das Blitzen, das Sabrina so vertraut war. »Nein, auch mir hast du nichts darüber gesagt.«

Sabrina schaute wieder nach vorne, musterte den Poirot-Darsteller. »Wir erzählen einander viel über uns, Hedy, Natascha und ich. Aber selbst meinen Engelschwestern gegenüber habe ich nichts davon erwähnt. Es gibt einen einzigen Menschen, der Kenntnis davon hat. Fjella, meine Mitarbeiterin im Friseursalon.« Sie machte zwei Schritte auf ihn zu, maß ihn mit den Augen. »Also, Monsieur. Woher wussten Sie davon?«

Er schluckte, bemühte sich, nicht die Fassung zu verlieren. Das Lächeln rutschte ihm kurz weg, aber er hielt ihrem Blick stand. »Wie ich schon zu äußern beliebte, Madame, Poirot weiß vieles. Ihm fliegen oft Dinge zu, von denen andere …«

»Wie Sie meinen, Hercule Poirot«, unterbrach sie ihn scharf. »Wenn Sie meine Frage nicht beantworten wollen, dann werde eben ich Ihnen sagen, woher Sie das wussten. Es wird Zeit, der Wahrheit unvoreingenommen ins Gesicht zu blicken.«

Sie verschränkte wieder die Arme hinter dem Rücken, begann auf und ab zu gehen. Nicht nur Fridolins Augen, die Blicke aller folgten ihr.

»Ich muss gestehen, ich habe nicht ganz die Wahrheit gesagt, als Sie fragten, ob sonst noch etwas in der Nacht passierte. Auch ich bin aufgestanden, habe mein Zimmer verlassen. Dazu machte ich keine Angaben, denn es schien mir nicht von Bedeutung. Das war so rund um 3 Uhr. Mein Mund war ausgetrocknet, mich quälte brennender Durst. Ich ging nach unten in die Küche, hatte auch das Fläschchen mit den Gedächtniskapseln bei mir. Ausgiebig zu trinken tat mir gut. Das Wasser spülte den schlechten Geschmack aus meinem Mund. Ich empfand sogar den Drang zu unbekümmerter Verspieltheit. Deshalb begab ich mich flugs hinüber in die Stube und füllte mir ein Glas mit Hedys wundervollem Eierlikör, das ich zusammen mit dem Wasser nach oben brachte. Was ich dabei allerdings vergaß, war die kleine Flasche mit den Kapseln. Die ließ ich auf dem Küchentisch stehen.« Sie stoppte ab, wandte sich direkt an ihn. »Sie hatten recht bei der Rekonstruktion der Reihenfolge. Ich war die Erste, die auf Hedys Schrei reagierte und nach unten stürmte. Fabian erschien als Nächster. Als er auftauchte, fiel mir das Fläschchen mit der Arznei auf, das ich vergessen hatte. Ich nahm es an mich. Dann kamen die anderen über die Treppe nach unten. Natascha als Letzte, Dominic als dritter und Sie, Monsieur Poirot, waren der vierte.« Sabrina spürte die aufmerksame Präsenz ihrer Freundinnen und der beiden Männer hinter sich. Die Spannung war förmlich greifbar.

»Ich frage Sie also nochmals: Woher wussten Sie, dass ich gedächtnisfördernde Mittel zu mir nehme, wenn ich die Flasche längst eingesteckt hatte, als Sie auftauchten?«

Er wollte etwas sagen, unterließ es aber. Hedy war aufgestanden, stellte sich neben ihre Engelschwester. »Ja, das möchte ich auch gerne wissen.«

Wie hatte sie es nur geschafft, so ruhig zu bleiben, fragte Sabrina sich später oft. Obwohl sie innerlich bebte wie ein Vulkan kurz vor dem Ausbruch.

»Und komm jetzt nicht auf aberwitzige Ideen, Fridolin«, hielt sie ihm mit eisiger Stimme entgegen. »Versuch erst gar nicht, in der Rolle von Poirot zu behaupten, du habest beobachtet, dass Natascha um 4.21 Uhr nach unten in die Küche ging, wo sie Sven Hartmann erstach, meine Flasche vom Tisch nahm und diese nach oben brachte. Dabei konntest du sehen, dass mein Name auf dem Fläschchen steht. Natascha brachte dann die Flasche wieder nach unten zum Küchentisch, stieg erneut die Treppe nach oben, um ins Bett zu schlüpfen. Erspare uns allen die Lächerlichkeit, eine solche Aussage von dir zu geben.«

Jetzt standen auch Fabian und Dominic neben Sabrina, verschränkten die Arme, ließen den Angesprochenen nicht aus den Augen.

»Ich sage es dir, Fridolin.« Ihre Stimme klang noch eisiger. »Nicht Natascha kam in die Küche, um den bedauernswerten Sven Hartmann zu töten, sondern du. Und dabei nahmst du so ganz nebenbei das Fläschchen wahr, auf dem mein Name stand.«

Er wollte etwas erwidern, doch Sabrina hob die Hand, bremste ihn ein.

»Ja, es stimmt, Herr Poirot-Darsteller«, fuhr sie fort. »Man speichert bisweilen etwas ab, auf das man sich gar nicht konzentriert, sondern nur zufällig sieht. Das schlummert dann im Gedächtnis. Man trägt es mit sich herum. Unversehens kann es allerdings erwachen.« Sie machte rasch einen Schritt auf ihn zu. Aus der ausgestreckten Hand wuchs der Zeigefinger. Sie wies damit auf ihn. »Ja, Fridolin. Das Schlummernde ist erwacht. Ganz unversehens. Dadurch rutschte dir etwas heraus, das du gar nicht wissen konntest. So ein Fauxpas wäre dem echten Hercule Poirot nie und nimmer unterlaufen. Das passiert nur nachahmenden Möchtegernpoirots wie dir.«

*

Wie habe ich das nur geschafft? Diese Frage stellte sie sich immer wieder. Fortuna sei Dank, dass ich meine Arznei dabeihatte, setzte sie dann immer hinzu. Mehr noch. Es galt, Fortuna doppelt zu danken, dass Sabrina sich in der Nacht sogar eine doppelte Ration reingezogen hatte. Wer weiß, ob ihr sonst irgendwann im Lauf der Ereignisse zugeflogen wäre, was ihr schlussendlich in den Sinn kam. Fridolin hatte ganz beiläufig etwas von sich gegeben, das er nicht wissen konnte. Dass er es dennoch wusste, war durch seine Bemerkung bestätigt. Es gab nur eine einzige Möglichkeit als Erklärung, wie er zu diesem Wissen gekommen war. Nicht Natascha, sondern er war in der Küche aufgetaucht. Er hatte Sven erstochen. Die Polizei hatte alles übernommen, was die Tatsache unterstützte, dass Fridolin Welling der Mörder von Sven Hartmann war. Unklar war noch, auf welche Weise es Fridolin gelang, Sven in die Küche zu locken. Hatte er ihn aufgeweckt und schalkhaft überredet, mitzukommen und sich mit ihm noch einen hinter die Binde zu gießen, während die anderen schliefen? Oder war Sven, warum auch immer, von sich aus nach unten gegangen? Fridolin hatte es mitbekommen und war ihm gefolgt?

Das hatte man bisher noch nicht herausbekommen. Sabrina wusste das, weil der leitende Kriminalbeamte es ihr gesagt hatte. Der Kriminalist war äußerst angetan von ihr, als klar wurde, wie Sabrina es zuwege gebracht hatte, die Lösung des Falles herbeizuführen. »Alle Achtung, Frau Kollegin«, hatte er scherzhaft, aber durchaus respektvoll zu ihr gesagt. Dass nicht Natascha den Ohrring verloren hatte, sondern Fridolin ihn auf der Treppe platziert hatte, um den Verdacht auf Natascha zu lenken, stand außer Zweifel. Die Polizei würde alles daransetzen, um möglichst viel Zusätzliches über das Vorgefallene herauszufinden. Das hatte ihr der leitende Kriminalbeamte auch bestätigt. Die Frage des Motivs schien schnell klar. Hier gab es kaum Zweifel. Natascha hatte der Polizei gegenüber bestätigt, dass Sven und sie vorhatten, gemeinsam wegzugehen. Sie liebten sich. Er war auch nur wegen ihr in den *Badminton*-Klub eingetreten. Natascha wollte sich von Fridolin trennen. Gesagt hatte sie es ihm noch nicht, aber er hatte es wohl von sich aus mitbekommen. Und eines war in der Vorstellungswelt von Nataschas Mann unverrückbar klar: Einem Fridolin Welling nimmt man nicht einfach etwas weg. Und die Ehefrau schon gar nicht. Da bringt man den Widersacher ganz einfach um. Und lässt die untreue Frau dafür büßen, indem man alles daransetzt, es ihr in die Schuhe zu schieben. Ein als Bankdirektor und Vorstandsmitglied des örtlichen Schützenvereins hochgeachteter Mitbürger lässt sich nicht durch so eine bodenlose Sauerei bloßstellen. Wo kommen wir denn da hin, wenn das einreißt? Ob Fridolin es schon lange vorher geplant hatte oder ob ihm erst bei der Silvesterfeier der Gedanke kam, den aus seiner Sicht verachtenswerten Unhold aus dem Weg zu räumen, würde vielleicht bei der Gerichtsverhandlung herauskommen. »Vielleicht bricht er aber auch ein, wenn wir ihm noch mehr zusetzen«, hatte der Kriminalbeamte ihr mitgeteilt. »Ein vollständiges Geständnis wird er wohl nicht ablegen. Aber das ist gar nicht nötig. Die Beweislage ist, vor allem dank Ihres Spürsinns, Sabrina, erdrückend.«

Dieses Lob des Polizisten hatte sie gefreut. Ob der Mann für immer weggesperrt würde, ob er hoffentlich lebenslänglich bekäme, wollte sie auch wissen. Das könne er nicht sagen, war seine Antwort. Er wäre nur Polizist, kein Richter. Ab er gehe fest davon aus. Es war auch nicht nötig, alles herauszubringen. Das war Sabrina auch klar geworden. Obwohl sie eines schon gerne gewusst hätte. Sie hatte sich damit an Fabian gewandt, ihn mit ihrer Fragerei genervt. Sie wollte wissen, warum Fabian sie alle von Anfang an hartnäckig mit seinem sonderbar anmutenden Vorschlag drangsalierte. War es einfach ein aus der Betroffenheit heraus geäußerter Wunsch, wenigstens irgendetwas zu tun? Weil Fabian wohl alles besser erschien, als nur herumzusitzen, zu warten und sich gegenseitig anzustarren? Oder hatte er tatsächlich gedacht, sie könnten auf diese Weise die Wahrheit herausbekommen, noch ehe die Polizei eintraf? Fabian lächelte immer nur geheimnisvoll, wenn sie ihn damit konfrontierte. Dann zuckte er mit den Schultern.

»Fabian, hast du womöglich vermutet, dass Fridolin dahintersteckt und dass er auch den Plan verfolgt, den Mord Natascha anzuhängen?«

»Es ist dank deiner Hilfe gut gelaufen, Sabrina. Lassen wir es einfach dabei.«

»Nein, ich will wissen, was in deinem Kopf vorging, Fabian. Wir waren alle geschockt, wie vom Blitz getroffen, unfähig, etwas zu unternehmen. Bis auf dich. Du hast plötzlich wie aus dem Nichts einen Ermittler aus dem Hut gezogen. Der auf sonderbare Weise tatsächlich zu ermitteln begann. Von dem sich am Schluss herausstellte, dass er selbst der Täter war. Hast du das geahnt, Fabian? Und zugleich gehofft, Fridolin würde sich in seiner Aufgeblasenheit als Poirot eventuell blamieren und die Wahrheit käme dadurch ans Licht?«

»Dass es dann genau so passierte, Sabrina, konnte nur geschehen, weil du intuitiv das Richtige machtest. Lassen wir es dabei.«

»Hast du es so geplant, Fabian?« Es war zum Verrücktwerden.

»Das ist nicht wichtig, Sabrina. Wichtig ist, das Natascha schlussendlich nicht für etwas büßen musste, das sie nicht getan hat.«

Damit hatte er in jedem Fall recht. Einer der drei Engel war in Gefahr gewesen. So wie es auch in der Fernsehserie öfter vorkam. Aber so wie in der Serie war auch jetzt einer von den drei Engeln zur Stelle, um den bedrohten zu retten. Sabrina drückte aufs Gaspedal. Sie war auf dem Weg zu ihren Engelschwestern. Natascha,

Hedy und sie waren verabredet. Es gab einiges zu feiern. Hedy hatte einen neuen Eierlikör aufgetrieben. Sie würden alle bei Hedy übernachten. Dann könnten sie sich so viel Eierlikör gönnen, wie sie wollten. Sie mussten nicht mehr mit dem Auto fahren. Heute war die letzte Raunacht. Das wusste sie von Dominic. Er hatte sie gestern zum Essen in ein französisches Restaurant ausgeführt. »Na, dann müssen wir dafür sorgen, dass Hedy morgen keine Wäsche aufgehängt lässt«, hatte sie gestern geblödelt. »Von bösen Geistern hatten wir genug in letzter Zeit.« Er hatte ihr ein Buch mitgebracht. Es war auf Deutsch, Gott sei Dank nicht auf Französisch. Darin stand vieles über Weihnachtsbräuche in ganz Europa. Sie überholte einen Kleinlaster, reihte sich wieder ein. Sie löste eine Hand vom Lenkrad, berührte auf dem Armaturenscreen das Symbol für die Playfunktion. Gleich darauf wurde das Wageninnere erfüllt von weihnachtlichen Klängen.

Jingle bells, jingle bells, jingle all the way.

Sie trällerte sofort fröhlich mit. Ja, ihre Stimme hörte sich wirklich gut an. Sie wurde sogar immer besser, fand sie.

What fun it is to ride and sing a sleighing song tonight.

Martin Merana ermittelt:

SPANNUNG

GMEINER

WWW.GMEINER-VERLAG.DE
Wir machen's spannend